"21世纪人类学习的革命"译丛　第二辑

什么值得教？
技术时代重新思考课程

阿兰·柯林斯 (Allan Collins)　著
陈家刚　译

What's Worth Teaching?
Rethinking Curriculum in the Age of Technology

华东师范大学出版社
·上海·

What's Worth Teaching? Rethinking Curriculum in the Age of Technology
by Allan Collins
Foreword by John Seely Brown
Copyright © 2017 by Teachers College, Columbia University

Simplified Chinese translation copyright © 2020 by East China Normal University Press Ltd.

First published by Teachers College Press, Teachers College, Columbia University, New York, New York USA.
All Rights Reserved.

上海市版权局著作权合同登记　图字：09-2018-1285号

谨以此书献给和我一起开始这本书的写作,却在 2014 年 10 月辞世的终生朋友和同事芭芭拉·怀特(Barbara White)!

"21世纪人类学习的革命"译丛(第二辑)总序

关于第一辑译丛

首发"21世纪人类学习的革命"译丛之一的《人是如何学习的》中译本，是在2002年秋天，华东师范大学丽娃河畔，在"建构主义教育国际研讨会"上，该书主编、时任范德堡大学教授的约翰·布兰斯福德(John Bransford)和他的同事们来到现场，揭开了中文版封面上的红绸带。

这几乎也是个"学习"的十年：学习型组织、学习型社会、学习共同体、学习型家庭、服务性学习等概念逐渐走进各个领域，"学习"成为一个广具包容性的关键词。然而在惯于宏大叙事的国内教育界的研究分野中，学习一度(甚至现在依然)是个既"微"且"窄"的领域，几乎就是教育心理学中的一个子领域。但是与此同时，在西方教育界，被置于多学科视野中予以考察的人类学习机制，却正在成为反思教育系统、启迪教与学的新关系和新技术的强大基础。对学习的假设的质疑，成为世纪之交对教育的传统、学校的组织和课堂的习惯最大、最根本的质疑之一。进入新世纪以来，随着脑科学、心理科学、信息科学与技术等交叉学科的发展，人的学习的建构本质、社会协商本质和参与本质越来越清晰地显现出来，在认识论、认知神经科学、信息技术、社会学、人类学等多学科的支持下，学习科学作为一个新兴的学科广受关注,并开始在教育界兴起各种教学模式、教学技术的"设计研究"。

我的博士生导师、华东师范大学终身教授高文博士有着对苏联教育和心理学研究的深厚积淀,尤其欣赏维果茨基学派对心理发展的社会文化基础的深刻洞察。更让人感叹的是,她于20世纪90年代中期开始,敏锐地捕捉到欧美学者在学术方向上的共识,在自己学术生涯的后半期,摒弃"画地为牢"的治学藩篱,跨进一个新的、多学科的研究领域。她成为国内教育界系统介绍、阐释建构主义和学习科学的主要学者,是呼吁基于脑科学的教育、跨越信息技术和学校教育鸿沟的早期倡导者,也是在中国本土的中小学尝试建构主义和学习科学实证研究的先驱者。然而,高文教授对自己最大的身份认定一直是"学习者"。

我们有幸与高文教授一起追踪了建构主义的理论争论,也目睹了学习科学的兴起浪潮。这种追踪和目睹的直接成果之一,就是高文教授主编的这套"21世纪人类学习的革命"译丛,今天我们可以称之为第一辑译丛。从2002年9月《人是如何学习的》、《学习环境的理论基础》、《教育中的建构主义》、《美国课程与教学案例透视——贾斯珀系列》的出版,到2004年3月的《情景学习:合法的边缘性参与》和《创设联结:教学与人脑》的出版,第一辑译丛问世已经十个年头了。

笔者作为主要译者之一,对第一辑译丛在我国产生的影响进行太多的主观评价似乎并不合适。为此,我特意查询了两组数据:一是向出版社询问了一些印刷销售的记录,《人是如何学习的》和《教育中的建构主义》都是四次印刷,印数都接近两万;《学习环境的理论基础》是三次印刷,印数12 200册;《情景学习:合法的边缘性参与》和《美国课程与教学案例透视——贾斯珀系列》都是两次印刷,印数一万上下;《创设联结:教学与人脑》也印刷了6 000册。这六本书目前在出版社的库存已接近零。出版社告诉我,作为纯学术类译著,这样的印量和销量让他们相当满意。二是我请华东师范大学图书馆梳理了一些引用方面的数据,截至 2012 年 3 月 7 日,国内 CSSCI 和 CNKI 两大数据库扣除重复后的引用情况是:《教育中的建构主义》1 361 次,《学习环境的理论基础》1 245 次,《人是如何学习的》368 次,《情景学习:合法的边缘性参与》77 次,《美国课程与教学案例透视——贾斯珀系列》59 次,《创设联结:教学与人脑》33 次。这样的引用情况似乎不太均衡,仿佛从一个侧面说明了前几年我国教育界对国外先进的具体案例关注不够,对脑科学的介入也不够敏感。不过综合以上数据,我们还是可以得出这样的结论,即我国学者对这套译丛整体上有着较高的关注。

时至今日,不论是世界还是中国的教育界,关于建构主义的争论还在延续,关于学习设计的实践方兴未艾,但毫无疑问的是,这套译丛给中国教育界带来了一些新鲜空气,并且帮助国内学者建立了有关学习研究的对话平台。

时光荏苒,高文教授已经于 2007 年退休,目前享受着天伦之乐。我们这些当年大多是博士生、硕士生的主要译者,现在则大多是具有高级职称的高校教师,也指导着自己的博士生或硕士生。虽然遇到了各种各样的困难和挫折,我们的团队仍然坚持着学习科学的研究;我们也高兴地发现,近年来国内同行对学习科学的关注越来越多了。

关于本领域进展

我们知道,学习科学的诞生是以 1991 年第一届学习科学国际会议(The International Conference of the Learning Sciences,ICLS)的召开和《学习科学杂志》(*Journal of the Learning Sciences*,JLS)的创刊为标志的。这 20 年来,特别是近 10 年来,虽然缺乏对会议数量的精确统计,教育界不同分支的学术共同体都了解和参与了很多以学习科学为主题的国际国内会议；而对论文的分析相对比较容易量化，根据2010年的数据，《学习科学杂志》已经跻身为社会科学引文索引(SSCI)教育类期刊中被引频率最高的五大期刊（五年影响因子为3.644）。[1] 如果说高文教授在2002年撰写第一辑译丛总序时尚没有正式启用"学习科学"这个概念，那么今天，以学习科学为代表的对学习的研究已经有了相当的气象，高文教授所总结的学习科学对于知识的建构性、社会性、情境性、复杂性和默会性的判断已经得到国内外学者的普遍认同。第一辑译丛所涉及的诸如HPL("人是如何学习的"的英文缩写)、元认知、学习共同体、学习环境、情境认知、分布认知、知识建构、合法的边缘参与、非正式学习、设计研究等词汇已经为我国教育界广泛接受并传播，成为国内研究共同体的共享概念平台。

经过20余年的发展，学习科学研究取得了令人瞩目的成就。通过对《学习科学杂志》19年的载文分析，[2] 我们可将国际学习科学的主流研究与发展归结为如下几大特点：

1. 学习科学研究共同体在世界范围内不断发展壮大，影响力不断攀升，学习科学内部以及学习科学与其他学科的协作研究不断增强。

2. 学习科学的主流研究集中关注真实情境下的认知与学习。虽然对非正式学习的关注逐年上升，但正式的学校学习场景仍是研究主阵地，尤其关注科学和数学学科相关学习领域基于理解与设计的实践。

3. 围绕"认知、设计和社会境脉"三大领域，一是概念转变、问题解决、推理与迁移（认知取向）等传统认知科学概念，仍是学习科学研究者的重要

1　2010汤姆森路透杂志引用报告(Thomson Reuters Journal Citation Reports)(http：//www.isls.org/journals.html).
2　杨南昌，曾玉萍，陈祖云，任友群.学习科学主流发展的分析及其启示——基于美国《学习科学杂志》(1991—2009)内容分析研究[J].远程教育杂志，2012(2).

研究对象。二是问题解决等新型学习方式(软设计)和技术支持的学习(如CSCL)研究(硬设计),得到学习科学的高度重视。三是学习交流实践中的话语、表征与中介,学习共同体与知识建构(社会境脉取向),正日益彰显学习科学研究的特色与活力。以上主题内容共同构成了当今学习科学研究"核心中的核心",同时,对方法论的重视与关注促进了学习科学不断走向成熟。

4. 学习科学研究崇尚经验(empirical)研究,追求基于证据(evidence-based)的评价,对量的研究、质的研究和理论研究都有应用并在不同情况下各有侧重。在设计研究方法论的导引下,混合研究成为趋势,而且学习科学研究者正在积极探索和实践着适合新型学习环境的各种新方法和新技术,这正是学习科学迅猛发展的动力之源。

关于第二辑译丛

近年国内教育投入在不断增长,教育改革的呼声也持续升高。教育研究在从传统的以教为主的研究转向以教与学并重的研究的同时,教育信息化得到了各级教育主管部门和学术共同体前所未有的关注,不少教育官员和本来非教育技术学科的学者都投入到对教育信息化的研究和实践中。教育改革越来越多地与教育信息化和对学习的深入研究联系起来。正是在当前这种国情下,又兼国际上教育技术与学习科学也一直是这种"你中有我、我中有你"的交融格局,我们认为,保持学习研究的国际前沿的视野是非常必要的。因此,我们从2011年开始策划第二辑译丛,经过多次讨论并确认了版权等事宜,我们确定了第二辑译丛的第一批书目,后继的书我们仍在遴选中,在这里简单介绍一下第一批的六本。

《心智的构建：脑如何创造我们的精神世界》(Making up the Mind: How the Brain Creates Our Mental World)

本书出自世界知名认知神经科学家克里斯·弗里斯(Chris Frith)之手，将带领读者进入一个神奇的脑构建的精神世界，揭开有关脑、心智、行为与外界世界交互机理的神秘面纱，是面向普通读者所写的关于心理过程生物学基础的一部出色的入门书。

全书以一个虚构的认知神经科学家作为第一人称(叙述者"我")与英文教授、物理学家等不同角色进行辩论的形式，通过详实的实验数据和证据，生动有趣而又科学精妙地阐述了人脑是如何与物质世界建立联系进而创建我们的精神/心智世界的，揭示了脑如何产生我们所不知的错觉，脑如何通过预测、创建世界模型和心智模型与世界交互，以及脑如何创建文化进行分享的生物学机制。

全书隐含着许多有关学习的新解释和新观点，为我们打开了一扇从神经科学视角理解学习的新窗口。而它所采集的脑和行为的数据为我们提供了解释学习的强有力证据，丰富了我们关于学习是怎样发生的理解。用诺贝尔奖得主埃里克·R·坎德尔(Eric R. Kandel)的话来说："对于所有想了解脑是如何产生与我们生活相关心理现象的人们来说，这是一本必读书！"

《技术时代重新思考教育：数字革命与美国的学校教育》(Rethinking Education in the Age of Technology: The Digital Revolution and Schooling in America)

本书是阿兰·柯林斯(Allan Collins)和理查德·哈尔弗森(Richard

Halverson)两位作者以在美国西北大学执教的一门关于教育改革历史的课程为基础撰写的。

作者认为,学校为社会发展会不断作出贡献。但学校教育对于绝大多数人而言只包括5岁到18岁或21岁的这个年龄段。即使学生在学校里学习,他们教育中的很大部分也发生在校外。而美国正在推进的教育改革可能是200年前将我们从学徒制带入普及性学校教育的那场革命之后的又一次革命。它是由最近这些年所发明的所有新技术引起的。技术已经改变了更广泛的社会,在阅读、写作、计算和思考等学校教育的主要关注点上都处于中心地位。然而目前技术依然被置于学校的边缘,大部分只是用于专门课程中。所以,技术和学校之间存在着很大的不协调。技术对学习的主要影响开始发生在校外,从而对学习发生的主要场所学校教育构成了挑战。

作者指出,教育政策领导者必须重新思考学校内和学校外的教育,学校要适应和容纳技术驱动的学习这股新生力量。如果教育者不能成功地将新技术整合进学校中,那么在过去150年间发展起来的长期认同的学校教育的面貌将发生改变,有手段和能力的学生会在公共学校之外进行学习。

《课堂环境中基于网络探究的科学教育》(WISE Science: Web-based Inquiry in the Classroom)

本书三位主要作者詹姆斯·斯洛特(James Slotta)、马西娅·林(Marcia Linn)和卡罗尔·李(Carol Lee)在系统介绍WISE(Web-based Inquiry Science Environment)科学探究学习环境的研究成果的基础上,全面探讨了如何在网络探究学习环境中开展科学教育的方法和途径,具体内容包括技术在教育中的挑战和机会、WISE学习环境的概述、理论框架("脚手架知识整合"）、课程开发模式、WISE 的成效、WISE 课程和评估的伙伴关系方式、细节操作、教师的专业发展、分享和交流等。本书的特点是通过案例分析详细介绍了 WISE 的实践应用问题。

WISE 为科学探究活动提供一种有价值的基础环境，内容涉及科学探究的不同方面，如通过探究可视化和模型的使用，帮助学生对地球科学概念形成更深层次的理解。WISE 的技术环境和相关材料已经翻译成多种文字，包括挪威语、荷兰语、德语、希伯来语、日语、中文和韩语。

WISE 是教育中极少数的跨界研究项目，将学校、教师和学生融入一个世界里。WISE 的这种生存能力为我们提供了新的研究机会。仅仅从采用基于 WISE 自然科学课堂应用的教师数量上来谈，该项目取得了巨大成功。在美国，从 6 年级到 12 年级（11 岁到 17 岁）的自然科学课程全面使用了 WISE，超过 20 万学生以及一千多名教师参与到 WISE 探究项目中。

《人是如何学习的：大脑、心理、经验及学校》（扩展版）（*How People Learn: Brain，Mind，Experience and School，Expanded Edition*）

美国杰出的心理学家约翰·布兰斯福德（John Bransford）、应用心理学家安·布朗（Ann Brown）、发展与认知心理学家罗德尼·科金（Rodney Cocking）会同来自人类学、心理学、教育学和计算机科学、文化与学校教育、数学、科学、物理、历史、视觉与表演艺术等研究领域的 16 位研究人员组成的学习科学发展委员会，受美国教育部教育研究与改进办公室的委托，对人类学习的科学知识基础及其在教育中的应用进行评估，以便向教师、学校行政人员、家长和政策制定者等传递来自认知心理学、发展心理学、神经科学、人类学，以及学科（诸如科学、数学和历史）学习研究的最及时、有用的研究成果。《人是如何学习的：大脑、心理、经验及学校》（第一版）正是这一项目的总结报告，书中汇集了新的学习科学出现以来最为重要的思想和理论，是学习科学这个新兴的跨学科研究领域第一本集大成的论著，正是这本书将许多人带入了学习科学这个新的领域。

第一版出版后，美国国家研究院（NRC）成立了学习研究和教育实践委员会，目的在于继续前一研究项目，探索更好地将学习科学方面的研究发现与实际的课堂教学连接起来的关键问题。本书作为第一版的扩充版，更进一步地扩充了在第一版中提出的一些基础研究项目的结果，并进一步探讨了将学习科学应用于课堂教学实践的有效途径和未来研究方向。

《学习环境的理论基础》（第二版）（Theoretical Foundations of Learning Environments, the Second Edition）

戴维·H·乔纳森（David H. Jonassen）是教学设计领域的国际著名学者。由他和苏珊·M·兰德（Susan M. Land）主编的第二版《学习环境的理论基础》是将最新学习理论应用于学习环境设计和分析的全面回顾和总结。作为我们译丛第一辑中的一本，第一版的《学习环境的理论基础》首次为学习环境的这些新观念提供了一个易于掌握的总结。在过去的十年中，以学生为中心的学习环境的概念日趋成熟。学术界已经对学习的建构主义和情境观点进行了详尽阐述。在第一版的基础上，第二版展现了包括元认知、基于模型的推理、概念转变、论辩、具身认知、学习共同体和实践共同体的理论基础新视野。第二版是用来向教学设计者、课程专家、数学和科学教育者、学习心理学家和任何对当前理论发展水平有兴趣的读者介绍这些以学生为中心的学习环境的附加理论基础。尽管并不存在一个统一的学习理论，这本书在增强书中所述理论的一致性方面仍然值得称道,它们共同提供了关于建构主义学习的一致性的元理论。

令人痛心的是,戴维·H·乔纳森,这位写过 37 本书、182 篇文章、67 篇章节,在 29 个国家做过 400 多场报告,敬业、勤奋、多产的学者于美国中部时间 2012 年 12 月 2 日早晨 6:30 因病去世,享年 65 岁。

《学科学和教科学:利用技术促进知识整合》(Science Learning and Instruction: Taking Advantage of Technology to Promote Knowledge Integration)

本书作者马西娅·林和巴特-希亚·艾隆(Bat-Sheva Eylon)以此书作为对美国正在进行中的科学教育改革第四次浪潮的回应。

本书提出,科学教育质量提升的关键是对科学的一致性理解,即必须借助在科学素养方面的"生产机制",使学习者既能够意识到科学观念之间的联结性,也能够将观念联系到一起,并运用到身边的情境之中。这是一种知识整合,其包括有意识并努力地解释所观察的现象,就科学和技术问题作出决策,以及寻求解决难题的路径;是一种根本性的学习,区别于对信息的记忆或吸入。

本书作者之一的马西娅·林是加州大学伯克利分校教授。她及其领导的"技术增进的科学学习"(TELS)团队所创建的"基于网络的科学探究环境"(WISE),展现了学科学和教科学的革命性路径,并为当下科学教育改革的丰富实践和创意提供了无限可能。作为学习科学、技术设计与学科教育有机整合的成功范例,WISE 被美国学习科学家们广泛誉为"强大的高技术在线平台","有力支持了学生的科学学习和教师的课程设计"。

2013 年以来,我们又遴选了几本书作为第二批,下面的六本也已经在出版的过程中,这样就形成了一共十二本的本译丛。

《无限制的学习:下一代远程教育》(*The Next Generation of Distance Education: Unconstrained Learning*)

在教育传播与技术协会(AECT)主办的2010夏季学术研讨会上,与会的学者、研究人员以及其他创造性的思想家就他们各自对下一代远程教育的研究进行了深入对话,探讨了在我们迈向新的无限制的学习模式时开展有效实践的指导原则。在这次研讨会后,莱斯利·莫勒(Leslie Moller)和贾森·B·休特(Jason B. Huett)将会议的研究成果编撰成了本书。

本书作者认为,应该从根本上改变对远程教育的看法,不要再将它视为传统课堂的等价物,在认识远程教育时不要将它同我们熟悉的校园经验进行比较,而要从它自身的特性和优点出发来认识它,这构成了本书的基本出发点。由此出发,本书首先阐述了十条有助于我们迈向无限制学习这一目的的下一代远程教育的原则;继而探讨了远程教育中的互动、数字化协作文化的创建和协作问题解决、基于探究共同体框架的有效教学设计、教学传递方法、正式和非正式学习环境、基于游戏的技术在学习和评估中的运用、分布式学习模型、代理知识管理模型等问题;最后,列出了2000年前有关教学设计和远程教育的经典论文汇编以便为本领域的新进人员提供参考。

本书揭示了下一代远程教育的若干重要属性;就技术如何帮助每个人以新的方式学习,以及未来教学设计、教学和学习等方面提出了许多深刻的见解;从多样化的情境、多种知识类型、协作与社会学习、教学设计基本原则的应用,以及对教学设计过程的影响这五个广泛的方面,为我们勾勒了一幅下一代远程教育的未来蓝图。

《信息丰富环境中的学习》(*Learning in Information-Rich Environments: I-LEARN and the Construction of Knowledge in the 21st Century*)

本书是美国马里兰大学信息研究学院的迪莉娅·纽曼（Delia Neuman）教授的一本最新力作。全书试图从当今世界所处的信息化变革的波澜图景中，努力寻找人类学习的时代秘钥。作者首先指出，21世纪的人类无时无刻不处于各种各样的刺激的包裹中（印刷的、视觉的、音乐的、谈话的、展示的，甚至是气味的），这些刺激其实都是某种信息的卷携者。作者强调，信息不仅仅是事实、观点或观念的集合，更是我们进行学习的工具，为我们提供了进行批判性思维和问题解决的基本组块。21世纪的学习其实是一种基于信息的学习，它体现为获得信息、评估信息、使用信息和创新信息的完整过程。而上述的各种对信息的操作技能，就是21世纪的学习者需要重视的重要生命技能。

在阐明上述基本观念的基础上，作者在本书中试图进一步解决如下的核心问题，即教育该怎样去做才能帮助信息化环境中的学习者更好地学习、更好地发展。作者在本书中提出了一个极具实践操作性的教学设计模式或学习环境的设计模式，即信息学习模式（I-Learn Model）。这个模式要求教学设计者能够让学习者在学习任务的解决过程中充分地接触信息、感受信息、体悟信息，并充分地获得信息素养的发展。该模式的具体要素和过程是：识别（identify）、定位（locate）、评估（evaluate）、应用（apply）、反思（reflect）、通达（know）。作者运用了大量的实验案例向读者展示了I-Learn模式在促进学习者建构事实性知识、概念性知识、程序性知识和元认知知识等各种知识上所具有的效果和作用。作者认为，今天的世界是一个充满信息的世界，或者说，是一个信息丰富的世界，通过运用I-Learn模式，教育者就能够帮助学习者逐渐形成如下的一种良好的思维习惯和见地,即看到和明白这个世界本质上是一个包罗万象的信息源,人们可以通过接触、评估和使用这些信息来解决问题、完善人生。作者甚至认为,在今天这样一个充盈着信息和可能性的世界中,上述的信息化思维和素养是个体进行自主学习、终身学习的重要基石。

《情感与学习技术的新视角》(New Perspectives on Affect and Learning Technologies)

本书两位主编之一拉斐尔·A·卡尔沃(Rafael A. Calvo)现为悉尼大学电子信息工程学院副教授,学习与情感技术工程研究小组主任,也是情感计算、学习系统和网络工程等领域的众多刊物的作者。另一位主编西德尼·K·德梅洛(Sidney K. D'Mello)是孟菲斯大学副教授,主要研究兴趣是情感、认知和学习科学。

理解认知、情感的复杂关系,以及开发调节学生情感的有效干预,是一种高度跨学科的努力,它涉及心理学、教育学、计算机科学、工程科学、神经科学和人工制品设计。本书聚焦于理解学习环境中与特定学习目标相伴而行的学生情感,期望通过技术干预,激起学习者的情绪反应,以此促进情感与认知协同发挥作用,提升学习实效,同时,还帮助我们发现一些决定性的、以学习为中心的情感现象。

此书汇集了情感计算领域的最新研究成果,关于情感与学习技术的"新观点",以及来自以下几个研究主题的交叉点:(1)情感、认知和学习理论;(2)适用于学习环境的情绪、认知和动机的基础研究;(3)促进情感和认知过程的教学法和动机激发策略;(4)聚焦于情感识别与合成的多模态人机接口技术;(5)情感—感知计算机学习环境的最新进展;(6)开发情感—感知学习环境的设计议题;(7)研究情感和学习的新方法;(8)神经科学对情绪和学习的研究。

《深度学习:超越21世纪技能》(*Deeper Learning ——Beyond 21st Century Skills*)

2010年美国发布了《共同核心州立标准》。经过多年的研究、争论和探索实践,美国国家研究院2012年发布报告《为了生活和工作的教育:发展可迁移的21世纪知识和技能》。此报告发布之后,许多致力于深度学习实践策略的作品相继出炉,而本书即为其中的一个优秀作品。主编詹姆斯·A·贝兰卡(James. A. Bellanca)曾编写过本书的前身:《21世纪技能:重新思考学生是如何学习的》(*21st Century Skills: Rethinking How Students Learn*),本书的作者们不仅有读者耳熟能详的教育政策资深研究者如琳达·达令-哈蒙德(Linda Darling-Hammond)和迈克尔·富兰(Michael Fullan),更聚集了一批参与过研制、管理21世纪技能、共同核心州立标准以及相关的配套评价系统并长期在一线观察和指导基层学校变革的资深政策研究者和实践者,如"21世纪技能伙伴组织"的海伦·A·索尔(Helen A. Soulé),休利特基金会的芭芭拉·乔(Barbara Chow),"21世纪教育领导者组织"的肯·凯(Ken Kay)。

全书共有14章,分为三部分。第一部分是关于深度学习的应然状态和最佳实践的描述,作者们选择示范性的深度学习实践,从这些范例开始,在他们深入的实地研究基础上提出建议,呼吁让所有学生都能获得深度学习机会。第二部分是涉及课程、教学和评估的改革。他们观察到在广大学校、学区和州的课程、教学与评价领域发生的深度学习范式转变,带来了系统化应用的挑战。他们思考的是学区决策者需要注意哪些问题,才能使基层教师可以获准实施、得到道德支持、鼓励和实施深度学习计划的资源。第三部分由范式转变的实践案例构成。首先介绍的是一个完全由深度学习驱动的并且已取得了成果的学校;其次,展现的是变革过程中的领先学区的经验教训;最后是各示范州在带领学区进行范式转变中所做的工作。

本书作者的写作,阐述了21世纪技能和深度学习之间的联系以及这些技能、过程和成果对美国未来教育的重要性,提供了一个关于是什么、为什么以及怎么做的深度学习实例金矿,它们既是教师关注21世纪技能的一种手段,也是一种结果。当前我们的教育系统正处于一个关键的十字路口:要么选择继续因循守旧,要么选择向前迈进。本书紧扣我们这个时代核心的教育挑战,以深度学习为钥,开启卓越之路的大门,呈现出21世纪技能的革新和发展。

《教育大变局:技术时代重新思考教育(第二版)》(*Rethinking Education in the Age of Technology: The Digital Revolution and Schooling in America, the Second Edition*)

继2009年出版《技术时代重新思考教育:数字革命与美国的学校教育》一书并在国际学术界引起较大反响之后,阿兰·柯林斯和理查德·哈尔弗森两位教授结合过去10年中信息和数字技术的最新发展,对全书内容进行了修订,从而呈现了终身教育时代技术支撑下的丰富多样的最新教育图景。

全书首先呈现了技术热衷者和技术怀疑者之间针对技术在教育中所起作用的辩论,并考察了美国从基于学徒制的体系转变到基于学校的体系这一过程中发生的教育革命,接着讨论了正在涌现的新教育体系的种子。然后,作者描述了工业革命之前的学徒制时代、当前正逐渐淡出的公共学校教育时代和我们现在正在进入的终身学习时代之间的关键差异,思考了我们面对一个新的教育未来时的得与失,以及学校应如何最好地利用技术给我们提供的机会。最后,全书描述了教育革命从更广泛意义上说对社会的意义,并讨论了当我们从以学校教育为中心的教育体系转变到人们参与终身学习的体系时,需要从哪些方面重新思考教育。

作者认为,200年前的第一次教育革命将教育从学徒制带入了普及性学校教育,公立学校广泛建立,为美国和全世界的发展作出了很有价值的贡献。随着学校教育进入21世纪,传统的学校教育模式已经不能满足培养年轻人迎接时代挑战这个期望。学会阅读,学会做数学,从学校毕业,这些依然重要。但让年轻人学会和各种观众交流,在多渠道媒体空间中评价公开论断的真实性,生产和评价计算机制品,发展适应性生活和专业技能,这些则变得更加重要。

今天,第二次教育革命正初见端倪,教育正从学校教育过渡到终身学习。技术成为这次革命的驱动力。正是技术的发展,使教育的内涵不仅仅局限在学校教育,而是在学校之外播撒着新教育体系的种子。可汗学院、Pinterest、计算机自适应系统、慕课、基于兴趣的学习环境、维基百科、YouTube、创客空间等技术支持的新教育形式,使终身学习成为可能。

现在技术开始在校外对学习产生主要影响,并对学习发生的主要场所——学校——构成挑战。技术传统上在学校里处于边缘地位,所以教育决策者必须重新思考学校内和学校外的教育,并充分认识到新技术在教育中的推动作用;学校要适应和容纳技术驱动的学习这股新生力量。只有这样,教育才能满足21世纪的需要,为人类的发展作出更大贡献。

《什么值得教？技术时代重新思考课程》(What's Worth Teaching? Rethinking Curriculum in the Age of Technology)

本书是美国西北大学荣誉退休教授阿兰·柯林斯在其《技术时代重新思考教育：数字革命与美国的学校教育》（与理查德·哈尔弗森合作，2009年出版）一书在国际学术界引起较大反响后打造的又一部力作。作者开篇就强调，今天各地的学校所教授的都是可上溯至20世纪早期的课程，这种课程充斥着成年人经常用不上的知识，让学习者看不到所学内容与自己真实生活的意义。

作者指出，今天的社会和工作正变得越发复杂。如果年轻人没有受过良好教育去应对这种复杂性，他们将很难在21世纪的社会中游刃有余。此外，数字技术在改变着生活的每一个方面。随着发明和变革速度的加快，我们需要学会应对新颖、不可预测和充满变化的各种经历所带来的不确定性。所以年轻人需要看到正在塑造这个世界的趋势，通过实验、创造和即兴创作来应对不确定性。他们需要批判性地评估自己的选择，去做出关于自己生活的明智决定。他们需要在复杂的司法和政治体系中找到正确方法。他们需要做出有关环境、经济和自己健康的决定。他们需要在一些要面对的常见问题上与来自其他文化的人有效合作。

实现上述这些技能目标要求一种与学校今天所教的知识截然不同的知识。例如，学校地理教学强调让学生记住不同国家的首都和地区，但有了因特网这个知识储存库以后，再花费很多时间去记住这些对大多数人的生活不太重要的地名是不值得的；反过来，如果了解重要国家的文化、经济、地缘政治以及它们之间的关系，则有意义得多。按照这个思路，作者分析了技术时代的学生亟需学习的一些方面，例如他们应该学会哪些素养？他们应该如何维持健康的生活方式？关于经济和法律问题、策略和自我管理问题，学生应该学会什么？学生如何学会产出性思维？如何学会管理时间、资源和群体工作？学生应该了解哪些环境和经济问题？应该学习关于数学和科学基础的哪些内容？

上述这些领域都是传统学校课程不会教授的，所以作者最后呈现了一种重构学校教育、把21世纪技能和知识教给21世纪学生的愿景，即激情课程，把重新设计学校教育的重要原则整合进来，如完成有意义任务、发展深度技能和知识、同伴教学和辅导，以及进行计划、实行和反思这个学习循环，而真实的任务和评价，则是在上述情境中教授特定能力的两个重点。这种课程的目标是发展对学生动机和学习有重大影响、能让学生更好地为自己即将进入的复杂世界作好准备的学校教育。

关于翻译出版

随着我国高等教育国际化进程的发展，越来越多在高校供职的本领域研究者具备了直接阅读英语原著的能力。对这些学者而言，阅读翻译作品的需要在不断下降，而他们作为翻译者的可能性却在增加。

但是，我国基础教育领域中，广大电教馆、信息中心、教育装备部门的从业人员和一千多万名中小学教师则无疑仍然对阅读翻译的著作有着现实的需求。

目前中国学术书籍翻译存在一些问题。一方面，低端的、商业化的翻译越来越多，不少好书刚问世就给一些非本领域的出版社买断了版权并组织职业翻译者（而非本领域的专业翻译者）来翻译，有些出版社往往会把学术书往畅销书的路子上引；老实说，译者、作者、出版社各方都希望书能更畅销,不过应该在保证质量并尊重原作的结构和风格的前提下做到这一点,这种坚持在目前的情况下更加可贵。另一方面,纯学术的翻译越来越艰难,翻译在成果认定上一直地位不高,而且随着国内出版社改革力度加大,纯学术出版的空间还是有被压缩的危险,国外出版社索要的版权费似乎也越来越高。

在前辈学者的指导下,在我们自身学术信念的支撑下,在出版社以及我们所在学术单位的支持下,我们这么一群愿意坐冷板凳的译者还是走到了一起。虽然译者们大都还算是青年学者,但比起十年前,我们成熟和自信了许多。随着自身学养、国际视野和国际学术交流水平的提升,我们在翻译过程中都与原著者建立了稳定的联系,并就翻译中的问题进行了多次沟通,其中一些原著者都受邀访问过中国,或是在本国接待过我们到访的部分译者。

我们仍然需要更好的外译中的作品,我们已经开始有了中译外的需求。也许,一个中国教育界与国际教育界平等对话的时代就在不远的将来。

对于第二辑译丛的出版,我们团队的裴新宁、赵健、郑太年等以及我个人都要感谢高文教授的指导,感谢各位译者的辛勤工作,感谢华东师范大学出版社王焰社长和负责本译丛编辑的教育心理分社彭呈军社长。

2012 年初春成稿,2013 年元月修订

2014 年 6 月再订于丽娃河畔

目 录

译者前言 / 1
序 / 1
致谢 / 1
前言 / 1

第 1 章 学校课程出了什么问题？/ 1
    为什么学校课程充满了成年人永远不会使用的东西？/ 2
    复杂社会中教育的目标 / 8
    本书的结构 / 18

第 2 章 新素养 / 21
    正在改变的素养面貌 / 22
    重新思考培养所有人素养的教育 / 27
    学生应该学习什么实际的素养技能？/ 31
    向所有学生教授新素养 / 40

第 3 章 培养自立能力 / 41
    对自我依靠不断增长的需求 / 43

关于维持健康的生活方式,学生应该了解什么? / 44

　　关于金融和法律问题,学生应该了解什么? / 51

　　关于策略和自我管理,学生应该了解什么? / 56

　　朝培养自我依靠的学校教育迈进 / 65

第 4 章　新经济的职业技能 / 66

　　为明天的工作场所而学习 / 67

　　学生如何才能学会富有成效的思考? / 70

　　学生如何学会管理时间、资源和群体工作? / 78

　　培养学生在未来工作中可以使用的技能 / 86

第 5 章　公共政策挑战 / 87

　　理解复杂系统 / 88

　　学生应该了解哪些环境问题? / 90

　　学生应该了解哪些经济问题? / 94

　　走向培养全球性世界公民的教育 / 100

第 6 章　数学和科学基础 / 102

　　重思数学和科学课程 / 103

　　关于数学基础,学生应该了解什么 / 105

　　关于科学基础,学生应该了解什么 / 113

　　对数学和科学教育的启示 / 126

第 7 章　激情学校——学校和课程的新愿景 / 127

　　美国学校新愿景的要素 / 128

面向21世纪学校的愿景 / 135

未来的学校 / 145

参考文献 / 147

索引 / 156

关于作者 / 172

译者前言

本书主要内容

《什么值得教？技术时代重新思考课程》是美国西北大学荣誉退休教授阿兰·柯林斯在其《技术时代重新思考教育：数字革命与美国的学校教育》（与理查德·哈尔弗森合作，2009年出版）一书在国际学术界引起较大反响后打造的又一部力作。

作者开篇就提出了当前学校课程设置和教学内容安排中存在的一系列问题，笔者将其归纳为以下几点：1. 今天各地学校所教授的都是可上溯至20世纪早期的课程，这种课程充斥着成年人经常用不上的知识，让学习者看不到所学内容与自己真实生活的意义。例如，代数课程常见流速问题"一个水泵抽水4小时可以装满一个游泳池，另一个泵需要3小时，如果两个泵一起抽，装满需要几个小时？"这种问题类型所教的程序是人们永远也用不上的，除非他们从事某种特定行业。2. 大多数成年人忘记了在学校里所学的绝大多数内容，因为他们在生活中没有机会运用这些知识，例如是什么引起了季节更替，法国大革命是哪一年发生的。即使人们需要这些知识，在技术如此发达的今天，也能通过因特网轻松查到，因此当今学校里所教的很多东西是对学生学校时光的浪费。3. 知识在呈指数级增长，但教育者却不停地把内容添加到学校课程中,导致教科书越来越厚,教师和学生不得不短时间内覆盖越来越多的主题,对学科内容进行敷衍潦草的处理,这也是美国课程被描述为"一英里宽一英寸深"的原因。4.今天的社会和工作正变得越发复杂,社会需要大量具有创造性思维、批判性思维和适应性专长的具有复杂技能的人才,然而学校教授的仍然是大量需要人们记诵的事实性知识和脱节的信息片段。例如,历史课程强调学生记住某个历史事件发生的时间、地点和人物,却没有引导学生进行历史趋势的分析。未来社会所需的社会智力和策略性思考等高端技能,在学校里的标准学科里却找不到踪影。5.当今社会需要的许多复杂能力是标准化考试等客观评价技术所不能测量的,但这些能力对于应对生活中非良构、不清晰的挑战又至关重要。随着社会越来越强调学校中的考试,多年来课程正在稳定收窄,聚焦于那些容易测量的事实和技能,使培养学生复杂能力等教育中的一些最重要目标被淡化了。

阿兰·柯林斯接着强调了为应对社会的复杂性学生所应具备的能力,指出,如果年轻人没有受过良好教育去应对这种复杂性,他们将很难在21世纪的社会中游刃有余。此外,数字技术在改变着生活的每一个方面。随着发明和变革速度的加快,我们需要学会应对新颖、不可预测和充满变化的各种经历所带来的不确定性。所以年轻人需要看到正在塑造这个世界的趋势,通过实验、创造和即兴创作来应对不确定性。他们需要批判性地评估自己的选择,去做出关于自己生活的明智决定。他们需要在复杂的司法和政治体系中找到正确方法。他们需要这种理解,去做出有关环境、经济和自己健康的决定。他们需要在一些要面对的常见问题上与来自其他文化的人有效合作。所有这一切都要求一种与学校今天所教的知识截然不同的知识。

那么今天的学校应该教授什么知识呢?柯林斯教授试图根据人类这些

年积累的知识,详细说明什么知识在当今世界中最能派得上用场。他以地理教学为例指出,学校地理教学不应该让学生花费大量时间记住不同国家的首都和地区,因为这些信息可以通过网络查找,而了解重要国家的文化、经济、地缘政治以及它们之间的关系,则有意义的多。按照这个思路,柯林斯分析了数字时代的学生亟需学习的一些方面,例如他们应该学会哪些素养?他们应该如何维持健康的生活方式?关于经济和法律问题、策略和自我管理问题,学生应该了解什么?学生如何学会产出性思维?如何学会管理时间、资源和群体工作?学生应该了解哪些环境和经济问题?学习关于数学和科学基础的哪些内容?这些都是传统课程中不会教授但对学生应对21世纪生活至关重要的值得教授的知识。

总之,柯林斯认为值得教学的是为应对复杂世界中所需的关键知识、技能和心向。在一个技术正在侵占常规工作、影响我们生活的方方面面的世界中,如果学校希望培养学生为正在踏入的迅速变化的世界作好准备,它们就必须做出激进的变革。为此他在最后一章呈现了重构学校教育、把21世纪技能和知识教给21世纪学生的一个愿景,即激情课程,把重新设计学校教育的重要原则整合进来,如完成有意义任务、发展深度技能和知识、同伴教学和辅导,以及进行计划、实行和反思这个学习循环,而真实的任务和评价,则是在上述情境中教授特定能力的两个重点。这种课程的目标是发展对学生动机和学习有重大影响、能让学生更好地为自己即将进入的复杂世界作好准备的学校教育。

书中观点对当前国内教育的启示

书中观点读起来让人觉得畅快淋漓,读过之后反思当今的中国教育却让人平添很多忧虑,因为书中谈到的课程方面的许多问题,在当下国内教育中普遍存在。笔者认为,国内教育可以从以下多个方面得到启发。

1. 课程内容应该让学生看得见所学东西与未来生活的联系

目前国内的课程仍然存在许多现实生活中用不上的"无用"内容。例如,我们的数学课本中仍有一个水龙头朝池中充水另一个水龙头放水之类的问题,语文考试中经常考某位诗人的字号别称,地理考试中还经常考查某个国家的首都和人口等事实性内容。这些内容在现实生活中很少遇见,即使遇见也可以随时通过因特网查到。因此,大量时间被浪费在学习这些未来派不上用场的内容上,必然会严重影响学生的学习动机、热情和收获。所以,未来的课程内容应该尽量和学生的现实生活紧密关联,让他们认识到所学的一切在未来都有实实在在的用途,从而使他们有更强的学习动机。

2. 课程实施和评价应该减少记诵内容而多注重对学生高端能力的考查

如果考试过于侧重事实性知识考查,那么由于考试的反拨作用,教师也不得不强调大量的背诵。目前,语文考试中有大量的默写内容,历史考试中仍然强调人名、地名和年代的考查,数学考试中充满了大量重复的运算题。当然,适当记诵能帮助学生培养语感、领会作品思想感情,但学生学习时间毕竟有限,过于强调记诵,或进行题海训练,则必然没有时间让教师引导学生进行更深入的探究,培养学生的分析、综合、评价等高端技能。所以,各种测试应该重能力考查而轻事实记忆,对课程产生正面的反拨作用。

3. 课程内容应培养学生为应对21世纪的复杂生活作好准备

今天的社会需要大量具有创造性思维、批判性思维和适应性专长的具有复杂技能的人才,所以我们的教育应聚焦于社会智力、策略性思考、组织和管理等技能,使学生以后能成为在复杂社会中得心应手、自食其力的良善公民,能做出有关自己人生以及社会的关键决定。遗憾的是,国内学校仍然过于注重事实和程序的教学,而对学生高端能力培养不够,学生很难应对未来生活的挑战。笔者最近看到一篇文章,说某大学开设了教学生做泡菜的课程,另一所大学开设了爬树课……被网友羡慕地称为是"别人家的学校"。笔者当时的第一反应是,这些课程作为小学高年级学生和初中生的选修课程也许更好,而肩负促进民族和社会发展重任的大学生难道不应该学习和发展比爬树、做泡菜更重要的技能吗?

4. 尊重学生兴趣的课程设计才能最大限度地促进学生的深刻学习

本书作者阿兰·柯林斯认为,应将值得学习和不值得学习的内容区别开来。以阅读课为例,重要的是让人们广泛阅读,但不存在每个人都应该阅读的某部作品。强迫每个人去阅读莎士比亚的作品,会让很多人憎恨莎士比亚,从而起到了反作用。理想的情况是,学生们就自己感兴趣的领域进行深刻阅读,无论是军事历史、诗歌、英语小说、科幻小说,还是神话故事。他们可能需要指导,去发现能促进关于某个主题的深刻知识的阅读作品,教师、对同样领域感兴趣的朋友,甚至是计算机系统,都能推荐好的作品。如果学校鼓励学生阅读他们喜欢的内容,学生们会进行更多阅读。这番论述也许能激发读者去反思当前国内的语文教学。语文学习从小学到高中一直被很多学生认为是最难学最不想学的课程,部分原因是因为现在的语文教学过于注重字面意义背后观点的挖掘,考试过于注重艰深内容的考查,扼杀了学生学习语文的兴趣。近年来有关文章原作者回答不出针对自己文章所出的阅读理解题目的例子屡见不鲜,让人不得不对现在的语文教学的方法和目标产生质疑。

5. 课程设计应体现书末提到的重新设计学校教育的重要原则

作者在本书最后一章呈现的重新设计学校教育的重要原则,包括完成有意义的任务、发展深度技能和知识、同伴教学和辅导,对学习内容进行计划、实行和反思,尤其是采用真实的任务和评价。这些是当前教育界在课程实施过程中普遍追求的理想境界,能促进学生深刻学习,培养各方面能力,为未来生活作好准备。对照这些原则,就会发现,国内目前的课程设计与这里的要求还有较大距离。很多时候老师安排的学习任务是不真实的无意义的,评价过于注重背诵识记等低端技能的考查,长此以往,学生很难习得那些应对生活挑战所需的高端能力。

本书的翻译及致谢

本书是笔者最近 8 年来翻译的阿兰·柯林斯教授的第三本著作。从 2005 年笔者开始跟随导师高文教授攻读博士学位,并在随后的学习科学系列课程中开始接触到阿兰·柯林斯教授的著述以来,没想到我过去十多年的学术之路竟然和大洋彼岸的这位教授关联如此紧密。2006 年,在学习《剑桥学习科学手册》(第一版,2006 年)时,我接触到了他所著的"认知学徒制"一文,产生了浓厚兴趣,并在导师指导下,在接下来的一年内几乎读完了他关于该主题所撰写的所有论文(其中有 3 篇国内找不到的文章,是我在给他写邮件后他发给我的),并决定把博士论文的选题定在认知学徒制理论的深入研究方面。当年底和他联系,想在他的指导下到美国西北大学访学,他也爽快答应并积极张罗开具邀请函事宜,后来虽因他已退休不能指导访问学者而未能成行,但我们之间开始建立比较稳定的联系。2008 年暑期,笔者在纽约州立大学访学期间到波士顿,在哈佛大学对他进行了两个半小时的访谈(他当时已退休,偶尔到西北大学授课,但长居波士顿,受邀在哈佛大学开课),主要是关于认知学徒制理论提出的一些前因后果及实践案例方面的内容。当问及他所提出的第二次教育革命观点时,他谈到了自己已完成并即将出版的一部书稿,大致介绍了其中的一些相关内容,并在访谈第二天主动给笔者发来了该书的书稿和他在西北大学所开设课程的课程纲要[1],使笔者成为在国内较早读到这本书的读者,这本书就是2009年出版(阿兰·柯林斯与理查德·哈尔弗森合著,哥伦比亚大学教师学院出版社出版)并由笔者翻译后于2013年由华东师范大学出版社出版的《技术时代重新思考教育:数字革命与美国的学校教育》一书(当时华东师范大学出版社购买该书版权遇到困难,也是我给他写邮件并请他帮忙才解决了版权问题。该书与程佳铭博士合译,出版当年便被列入中国教师报、中国教育新闻网联合主办,人民教育出版社协办的"影响教师的100本书"综合类第一本)。部分得益于他的资料帮助和邮件答疑,笔者2009年在导师指导下完成博士论文《认知学徒制研究》并顺利通过答辩,接下来的两年发表了4篇关于认知学徒制研究方面的论文,并被较广泛地引用。2014年笔者受国家留学基金委资助到北卡大学教堂山分校访学一年,与阿兰·柯林斯教授邮件联系,他向我推荐了《剑桥学习科学手册》主编基思·索耶(Keith Sawyer)教授和讲授设计研究的沙伦·德里(Sharon Derry)教授的课程,并提及他即将对《技术时代重新思考教育》一书进行修订。2017年笔者基于博士论文修改而成的专著《认知学徒制理论与实践》出版,2018年华东师范大学出版社教育心理分社社长彭呈军老师邀请我翻译柯林斯教授所著的《技术时代重新思考教育(第二版)》,使我有机会读到这本书中结合时代发展而传达的最新观点。2019年春受任友群教授邀请开始翻译本书。这两本书皆已付梓,将很快由华东师范大学出版社出版面世。笔者成为阿兰·柯林斯教授三本著作在中

---

[1] 访谈内容详情参见陈家刚、张静然:《认知学徒制、技术与第二次教育革命——美国西北大学Allan Collins教授访谈》,《中国电化教育》,2009年第4期.

国的翻译者,深感荣幸! 想来他也年近80高龄了,却笔耕不辍,笔者希望他身体健康,并在不久的将来能读到并翻译他的第4本著作!

出于对阿兰·柯林斯教授行文风格的熟悉,本书的翻译颇为顺利,尽管第6章"数学和科学基础"一章中,关于变量、函数、统计学、相关性方面的内容对文科背景的笔者构成了一定的挑战,但总体上笔者对本书的翻译感觉不错,希望全书的翻译能经得起读者的检验。

感谢任友群教授邀请、策划并将此书纳入其主持的"21世纪人类学习的革命(第二辑)"丛书。这么多年以来得到了他学术上的提携和指导,在此深深致谢!

感谢华东师范大学出版社教育心理分社彭呈军老师的信任和邀请,最近几年我们已在五本书上有过愉快的合作,彭老师专业的策划和精益求精的精神让我深感钦佩! 也感谢出版社朱小钗编辑和其他工作人员为此书出版所付出的辛劳!

作为译者,我翻译时如履薄冰,尽心尽力,力图忠实传达原著观点,但囿于学识所限,可能谬误难免,期待读者善意的批评和指正!

陈家刚
2019年秋于华东师大樱桃河畔

序

应邀为阿兰·柯林斯的最新力作《什么值得教？技术时代重新思考课程》作序，荣幸之至。这本书既新颖又具革命性。读过此书，我忍不住反思阅读此书时在脑海中反复回想的两个想法。第一个来自奥巴马在芝加哥发表告别演说时所说的一番话："我们变得越来越安于自己的幻想，因为我们只接受符合自己观点的信息——不管它真实与否——而不是根据已知证据形成观点。"第二个来自戴维·温伯格（David Weinberger）于2012年面世的著作《知识的边界》（*Too Big to Know*），在书中他写道："我们过去知道如何去了解各种事情。我们从书籍和专家那里得到答案。我们会弄清各种事实，然后继续向前。我们甚至有关于各种事情的准则。但在因特网时代，知识已经转移到了网络。知识比以往更丰富，但截然不同。各种主题没有边界，人们很难对任何事情达成统一的意见。"

这不是对我们当前所处背景的一个糟糕描述，我们作为教师、教育者、学习空间设计者或未来学家的工作是决定如何最好地教育我们的学生，特别是在幼儿园到高中（K-12）教育阶段的学生，使他们变成灵活、睿智、充满灵感的学习者——把学习看作是一个冒险，尤其是把他们变成终身学习者。从阿兰的视角来看，这必须早点实现；因此，重新思考我们整个K-12教育的路向变得比以往更加关键。

阿兰迅速打消了人们所持的这本书只是号召人们进行项目式学习这个观念。我们需要的比项目式学习更多,必须花更多时间帮孩子们习得思维习惯——这种习惯能帮助他们熟练地查询背景和内容来理解这个世界。他们不依赖后千禧年时代的我们所深信不疑的依据或准则。查询背景意味着知道如何针对来源、阅读动机、质疑、揭示证据等等进行三角论证——是的,所有年龄层次的孩子,如果有机会,都能轻易习得这些技能和心向。正如阿兰和我所建议的那样,这些技能——和网络时代的生存技能一样——不能直接教会,但它们可以在背景中培养。

正如他所表明的,这里的关键在于辅导变得越来越重要,就像同伴学习中的辅导那样,可以是面对面的,也可以是虚拟的。学习就是通过辅导慢慢往前攀登到达顶点的。

在这本书中我觉得尤其有启发性的是有机会将手、心、脑的学习结合起来——这几乎是对约翰·杜威(John Dewey)多年前设计的机制的回归。也许我们这里有一个朝强调认知和想象力的实用主义路线的转向。我认为,在一个持续变化的世界中,我们正发现想象对意义建构——阅读背景——以及释放一种代理意识(身份就来自其中),越来越关键。

除了上面所提到的观点以外,阿兰接着强调了每位学生成为反思性实践者的重要性——在行动中反思,在行动后反思,看能学会什么。在为这个成为反思性实践者的过程提供脚手架支撑方面,尤其有效的是协作性意义建构的作用。数字时代提供了很多工具,使这更容易做到;现在我们所需的是培养态度谦恭相互倾听的能力,参与富有成效的评论(它不同于批判)的能力,以及通过角色示范和熟练辅导来帮助灌输一种获得这些能力的心向。

这个思路与某些我们早期所做工作的紧密联系让我感到神往,这些早期工作是关于我们如何做到全面普及单室校舍的,在这里孩子们向更大的孩子学习,更大的孩子学习如何帮助更小的孩子,教师变成一位有经验的协调者,在室内和网上发布有关各种技能、心向、文化和学科的资源——艺术、音乐和素描则为获得知识提供补充。

是的,在这个复杂、网络化、极度偶然、问题越来越"诡异"的世界中,富有想象力地重新思考教育需要变成何等模样,本书可谓及时地敲响了警钟。换句话说,这些问题不稳定,在持续变形,深刻地相互交织着。阿兰所提出的这些问题和观点,要求我们所有人都能深刻地重新思考我们如何培训教师,教育学院需要聚焦什么,我们该如何真正创造一种混合的知识论,将智慧人(homo sapiens)、劳动者(homo farber)和游戏人(homo ludens)结合起来,而这一切通过强调广义理解和想象力路向是可能实现的。

——约翰·希利·布朗(John Seely Brown)

致　谢

芭芭拉·怀特（Barbara White）和查尔斯·费德尔（Charles Fadel）最初是本书早期版本的共同作者。尤其是芭芭拉在我写关于科学和读写能力方面的问题时，给我提供了很多帮助。我提前和查尔斯讨论过章节中应该包含哪些内容，和芭芭拉一样，他读过了这些章节的草稿，给出了有用的反馈意见。通过和我的编辑——师范学院出版社的埃米莉·斯潘格勒（Emily Spangler）——协商，这本书发生了很大变化。在此之前，芭芭拉因癌症去世，查尔斯也忙于其他活动中。因此本书的最终版本主要是埃米莉和我创作出来的。在此过程中，得到了我以前的编辑梅格·莱姆基（Meg Lemke）、开发编辑苏珊·利迪科特（Susan Liddicoat）以及埃米莉为此书所征求的评审者的建议。

珍妮特·科洛德（Janet Kolodner）在准备和编辑新的最后一章的过程中帮助极大。米歇尔·乔丹（Michelle Jordon）帮助我编辑了前言，与我共事多年的约翰·弗雷德里克森（John Frederiksen）帮助起草了关于数据分析的文本，并针对数学和科学基础这一章中的统计学提供了有帮助的反馈。瓦利尔·舒特（Valeie Shute）很早就建议我强调系统思维，这在第 5 章中得到了凸显。里奇·莱勒（Rich Lehrer）针对数学和科学基础这一章提供了反馈意见。基思·索耶（Keith Sawyer）关于创造性思维这一节提供了反馈意见。最后,早前与我合著《技术时代重新思考教育》一书的理查德·哈尔弗森,帮助起草了新的第2章的一些文本。

  我也想感谢那些帮助我准备和审读第一稿的人们。多年挚友巴里·菲利普斯(Barry Philips)和谢里克·赫斯(Sherick Hess)阅读了此稿的绝大部分,在写作过程中给我提供了具体的有帮助的评论。我的兄弟克林顿·柯林斯(Clinton Collins)读了书稿的许多章节,尤其在法律和司法、创造性思维和批判性思维等章节给了我有帮助的评论。比尔·布鲁尔(Bill Brewer)承担了通读全稿的重任,针对书稿给出了几个不同层次上的具体评论。雪利·布赖斯·希思(Shirley Brice Heath)读了我撰写的前8章[1],针对如何改进文本提出了有见地的反馈和具体的建议。玛莉·麦考密克(Mary McCormick)读了关于技术的章节,针对如何改进,给我提了一条很有用的建议。最后,我的朋友拉里·埃尔伯姆(Larry Erlbaum)关于可以考虑的出版商给了我睿智的建议。

---

[1] 此处应为作者的第一版写作原稿。——译者注

前　言

1987年,赫希(E. D. Hirsch)出版了一本畅销书《文化素养:每一位美国人应知道的事情》。在附录中是一个超过4 000个词条的名为"有文化的美国人所知道的事情"清单,包含"美国内战前的(antebellum)"、"安东尼在凯撒葬礼上的讲话"和"原子秤"等条目。后来,我们一家人在旧金山消暑,我读着这本书,想看一看赫希关于学校课程说了些什么。我们坐巴士在城市的不同景点观光时,我会把附录中的词条读给我17岁的女儿听。她先把关于每个词条她知道的内容告诉我,然后我把我所知道的内容告诉她。其中一次坐巴士出行时,一位年轻人下车前对我们说:"这是我经历过的最好的巴士旅行。"看来赫希做了件了不起的事情。

从某种意义上说,本书是对赫希的著作的批判,也是对当今许多人的批判,他们对学生所不知道的一切感到沮丧。它是一个试图解决赫希所提的关键问题的另类观点。他说:"只有通过积累共享的符号,以及符号所表征的共享信息,我们才能在我们的民族共同体中学会彼此有效交流"(1987:xvii)。赫希明显很担心年轻人没有学会他认为维持社会凝聚力和读写文化所需的文化素养。我所担心的不是学生是否能"在我们的民族共同体中"与人交流,而是他们是否能心思缜密地参与到重要观点和问题的互动中。

教育者需要看到世界在如何变化,以及这一点对于学生应该学习的内容所带来的启示。社会和工作正变得越发复杂。如果年轻人没有受过良好教育去应对这种复杂性,他们将很难在21世纪的社会中得心应手。各地的学校都扎根于过去。他们教的是一门可上溯至20世纪早期的课程,当时是卡耐基委员会决定高中应覆盖哪些内容。学校没有教学生如何应对今天社会的复杂性。精英们认识到了这一点,正为自己的孩子在校外购买各种教育优势,而这进一步加大了贫富差距(Collins & Halverson,2009)。

我在本书中的目标是详细说明学生应该学习什么,才能成为一个知识丰富的人,一个良善的公民,一个有思想的工人,一位反思性的思想者,一个在复杂动态社会中有价值的朋友。对任何特定的工作和职业,都有人们必须学会的具体种类的知识。医生必须很了解生物学和解剖学。会计必须了解商业和数学。我不是想具体说明对于某特定职业一个人需要什么知识,这些信息在人们开始选择这些职业的过程中是可以获得的。学校经常试图反复给人们灌输在特定职业中所需的知识,哪怕学生对追求这些职业没有兴趣。我想具体说明的是,哪些是无论人们选择什么职业时都应该学习的重要内容。

像之前的乔治·华盛顿(George Washington)和托马斯·杰弗逊(Thomas Jefferson)一样,我相信人们必须受到良好教育才能做出明智决定。华盛顿曾经这样主张:"政府组织给舆论以力量,舆论也相应地表现得更有见地,这是很重要的"(转引自Cremin,1951:29)。杰弗逊在给他们的朋友乔治·威思(George Wythe)的信中这样说道:"亲爱的先生,多多宣传反对愚昧无知的运动;制定和改进对普通人进行教育的法律。让我们的同胞们知道……为此目的所交的税收,不及我们让人们处于愚昧中时交给那些我们中间出现的国王、牧师和贵族的税收的千分之一"(转引自Cremin,1980:108)。考虑到生活在今天的复杂性,作出明智的公共决策需要对经济学、健康、法律和环境之类的主题有深刻的理解。

数字技术在改变着生活的每一个方面。随着发明和变革速度的加快，我们需要学会应对渗入我们新颖、不可预测和充满变化的经历的那种不确定性。本书讨论了年轻人在一个复杂和多变世界中蓬勃发展所需的知识。他们需要看到正在塑造这个世界的趋势，通过实验、创造和即兴创作来应对不确定性；需要批判性地评估自己的选择，去做出关于自己生活的明智决定；需要在复杂的司法和政治体系中找到正确方法；需要这种理解，去做出关于环境、经济和自己健康的决定；需要在一些要面对的常见问题上与来自其他文化的人有效合作。所有这一切都要求一种与学校今天所教的知识截然不同的知识。

总之，我试图根据人类这些年积累的知识，详细说明什么知识在当今世界中最能派得上用场。我获得了大量的充其量就是生存边缘化的知识，这些知识只有在用来解决填字游戏、玩全民猜谜大挑战或取悦旧金山的巴士乘客时才需要。我关于什么值得学习的决定，是基于长期的经验以及教育、科学和数学方面的研究作出的。我肯定也会遗漏重要观点而包含一些对生活在当前环境中比较边缘化的东西。但本书的主要目的是提出"决定什么值得学习"这个问题。

随着知识呈指数级增长，我们教育者不能继续把内容添加到学校课程中。我们不能让人们越来越长时间地留在学校，让每个人都获得几个高等教育学位，结果只是为了让人们去应对自己生活中的复杂性。我们的教科书已经很厚了，我们不能让它们变得越来越厚，在同样短时间内覆盖越来越多的主题。我们不能让学生们一年12个月一天12小时呆在学校里。我们应对知识指数级增长的策略正在碰壁。

在本书中，我谈到了许多不同的主题。我的解释不可避免地会过于简单,但我希望能抓住那些能帮助年轻人理解的观点的精髓。我所讲的这些也许不正确或不完整,但我试图根据世界上出现的趋势,说明哪些观点值得学习。很明显这是不可能完成的任务。我说得不对的地方,其他人可以纠正。我所遗漏的,其他人可以补充。但我需要足够具体,好去发起这个有关什么知识真正有用的对话。

我在书中讨论的观点并不是要求每个学生必须学习。相反,它们代表的是我认为在复杂世界中蓬勃发展很关键的知识、技能和心向。本书还有一个更长的版本,将描述我认为重要的其他主题,比如历史趋势(如减少使用暴力)、风险分析、文化演进、工程和设计。我并不要求学生必须学习这些内容。我认为所有学生都应该深入学习自己感兴趣的事物。秘诀在于,设计课程时要把需要学习的重要内容镶嵌到学生感兴趣的主题中。最后一章会谈到这个问题。

在一个复杂和不断变化的世界中,哪些是学习的关键内容,让教育者重思这个问题,现在正是时候。这些知识与学校教授的知识是截然不同的。在一个技术正在侵占常规工作、影响我们生活的方方面面的世界中,学习和思考对于过一种有成效的生活非常重要。如果学校希望培养学生为他们正在踏入的变化迅速的世界作好准备,它们就必须作出激进的变革。

第 1 章　学校课程出了什么问题？

在电影《佩姬苏要出嫁》（Gurian & Coppola，1986）中，人到中年的佩姬苏试图通过在高中班级 25 周年聚会上重续友谊，来忘记她和她丈夫查理的婚姻问题。由于不知道她是否做出了人生中的正确选择，佩姬苏有机会再次尝试，结果扎进了时间曲线，使时光倒流，发现自己回到了 1960 年的青少年时代。在代数课上，她在一次考试中交了白卷。她这样向老师解释她的失败："嗯，斯内尔格罗夫（Snelgrove）先生，从我的经验而言，我知道在未来我绝对用不上代数。"

佩姬苏有关代数学习的问题在整个学校课程中非常普遍。大多数学生不明白他们为什么要学习因式分解多项式、句子分析、神圣罗马帝国、气孔，因为他们想象不到这些信息对他们以后的生活有任何用途。在很大程度上，他们是对的。学校课程充满了大多数人永远用不上的东西，因此一旦他们离开学校或升入更高年级，他们就会忘记这些东西。

有充分的证据表明，学生们记不住他们在学校里所学的绝大多数内容。菲利普·萨德勒（Philip Sadler）（1987）发现，当他问哈佛大学即将毕业的大四学生是什么引起了月相时，24 人中只有 3 人知道正确答案。他接着问是什么引起了季节更替，24 人中只有 1 人知道正确答案，哪怕这些观点在小学或中学就已经教过。[1] 同样,研究发现,只有三分之一的成年人知道如何在测量系统之间转换,用混合单位计算,比如说在小时和分钟之间转换(Packer,1997)。大多数成年人也不会分数加法和乘法,或记得法国革命是何时发生的。这些都是他们在学校里学过的事实和程序,但由于没有机会运用这些知识,大多数人忘记了他们曾经学过这些东西。现在我们应该拷问,教育者所教的东西是否将教学时间利用到了极致。

我不是说了解科学、数学、历史、地理、文学和艺术知识不重要。这些都是学校课程的中心内容,对于生活在一个复杂社会中来说,这些内容比以往更加重要。问题在于,学校在这些领域教了哪些具体内容,哪些内容又被遗漏了。遗漏的内容,比如社会智力和策略性思考,都是学校里的标准学科不会教授的。

为什么学校课程充满了成年人永远不会使用的东西?

在赫希(1987)的著作《文化素养》中,他强烈批评了下面这个情况——学生们不知道第一次世界大战和第二次世界大战是什么时候发生的,多伦多在什么地方,托马斯·杰弗逊是谁。事实上,他提到了大量的文献,它们记录了学生们不知道的各种知识。当然,对许多人而言,他们的父母也不知道这些事情,除非他们刚好经历过这些事件。我们也不应该像赫希所想的那样,认为学生们过去知道这些事情,但现在不知道了。正如萨姆·韦伯格

---

[1] 美国绝大多数成年人认为月相是由地球阴影引起的。事实上,月相是从地球看来的太阳和月亮之间的空间关系引起的。当月亮围绕地球旋转时,当月亮朝太阳方向运动时,我们看见了新月。当它与太阳方向相反时,我们看见了满月。同样,美国大多数成年人认为,季节是地球与太阳之间距离的变化引起的。事实上,季节是太阳光线抵达地球时的角度引起的。地球在围绕太阳运动时,地球轨道倾斜,因此在冬季(北半球),光线直接照到南半球;在夏天,光线照到北半球。

(Sam Weiberg)指出的那样,当你回头看看1917年的历史考试时,"今天的高中学生和他们的父母、祖父母、曾祖父母做着几乎一样的事情"(2004:1406)。多年的IQ测试提供的证据表明,每隔10年人们的得分就高出3%(Flynn,1999)。要说原因,那就是人们在变得更加"聪明"。许多人对于记不住关于这个世界的基本事实所表达的忧虑,只是学校课程出问题的症状之一。

涵盖的主题

全国到处都是那些要确保他们最喜欢的事实和技能进入学校课程的人。生物学家想要我们了解气孔,历史学家希望我们知道法国革命。保守主义者希望我们知道罗纳德·里根(Ronald Regan),自由主义者希望我们了解富兰克林·罗斯福(Franklin Roosevelt)。最近,得克萨斯州学校理事会的保守主义者投票要求学生了解菲利斯·施拉菲(Phyllis Schlafly)[1]的作用、《与美国契约》[2]、遗产基金会、道德的大多数[3]、全国枪支协会(Brick,2010)。尽管这些也符合保守主义者的议程,但不是那种能使学生们成为有

---

[1] 菲利斯·施拉菲(Phyllis Schlafly),1926—2016,人称"中西部的邪恶女巫",是一位极端保守的反女权主义政治活动家和作家,1964年,出版《选择,而不是回音》一书引起全国的关注,赢得了广泛的追随者。她在1952年和1970年竞选国会议员失败,但其最大成功是作为一个反女权主义者,成功领导了1970年代阻止通过《平等权利修正案(EPA)》的运动。她是鹰论坛(Eagle Forum)的创始人,该论坛至今仍致力于反对堕胎合法化、同性婚姻、学校性教育、妇女同等待遇等。——译者注

[2] 《与美国契约》是1994年由一些为首的共和党众议员起草并得到几乎所有共和党众议员签名的一份声明,是共和党人对美国人民作出的各种承诺的一份内容具体的综合性清单,答应只要共和党在1994年众议院选举中获胜,就兑现对美国人民做出的承诺。它让共和党人在全国真正团结,并40年来第一次在众议院获得了绝大多数席位。共和党在获得多数席位后,通过了一些著名的法案,如《收回我们的街道法案》、《美国梦复兴法案》、《创造就业和薪水上涨法案》、《国家安全恢复法案》,在美国历史上产生过重要影响。——译者注

[3] 道德的大多数(Moral Majority)是1979年美国宗教领袖Jerry Falwell成立的一个政治组织,提倡保守的社会价值观。尽管它在1989年解散,但该组织帮助确立了宗教权利在美国政治中的力量。——译者注

成效公民的好观点。

吉尔伯特·瓦尔弗德（Gilbert Valverde）和威廉·施密特（William Schmidt）(1997)结合第三次国际数学和科学研究（TIMSS）的结果，发布报告说，与其他国家学生相比，美国4年级的学生成绩靠前，但到了8年级时，成绩却在平均线以下。他们发现，和成绩排名顶尖的国家相比，美国的数学和科学课本要厚得多，覆盖的主题要多得多。他们这样解释美国学生的糟糕表现："这是真的，因为这些课本中呈现的主题的宽度是以牺牲深度为代价的。结果，我们的课本局限于对学科内容的敷衍潦草的处理"(1997：65)。我认为美国课本中覆盖的过多主题，反映了不同利益团体想把自己最青睐的主题包含进课程的需求。很少有人问，哪些主题真正值得包含进来。这就是为什么美国课程"一英里宽一英寸深"的原因。

从过去中继承

雷蒙德·卡拉汉（Raymond Callahan）(1962)写了一本经典著作，描述了学校教育制度在早期如何发展，体现了工厂的许多特征。在每个年级，知识被灌输给学生的方式都具备批量生产的特征，学生沿着生产线前进，直到最后拿到高中文凭毕业。或者，他们在完成学业之前就被当做次品抛弃。在美国许多大城市里，从一年级开始学业的学生中，相当多人永远拿不到高中文凭。

阿尔文·托夫勒（Alvin Toffler）(1980)用"显性课程"来强调守时、顺从和机械重复练习。正如托夫勒所说的，"工厂劳动要求工人准时到岗，特别是装配线上的工人。它需要的是从管理层那里得到命令而从不提出质疑的工人。它要求男性和女性准备好在机器旁或办公室内辛苦劳作，进行极端残酷的重复操作"(1980：29)。我们当前的普及性学校教育模式是一种工业时代的制度,它完全不清楚该如何适应高度重视思维和创造力的信息时代。

另外一个问题是,学校课程结构是从19世纪及更早时期继承下来的。尽管一些主题从标准课程中被淘汰出来,比如希腊语和拉丁语、计算平方根、进行数学证明,但19世纪课程中的绝大多数内容还在,并且随着知识积累增加了一些新的主题。与此同时,计算机技术正改变着值得学习的内容。计算机能执行一直到研究生院还在教给学生的所有数学运算,然而数学课程的很大一部分依然聚焦于教学生去进行数学运算。理解数学观点比以往更加重要,然而数学教育聚焦于教学生去模拟那些计算机比人更能有效执行的事情。

因特网是一个巨大的存储记忆设备,能轻松通过智能手机进行访问。如果你想知道托马斯·杰弗逊是谁,多伦多在哪里,法国革命是何时发生的,在网上你可以轻松地找到答案。那么让人们知道这些事实还有什么重要性呢?你可以像赫希那样说,要想和其他人进行睿智的对话,你就必须对这类知识了如指掌。但这些不是大多数人对话中可能出现的主题。如果它们出现在阅读中,它们很容易被查到。我想说,这类知识不能给予人们能力去理解周围世界并在其中进行良好运作。既然这些知识中的大多数会被人们忘记,那么为什么还要花费如此多的时间去教这类知识呢?除非教育者能够对学校进行设计,让学生按自己的步速去追求自己的观点,否则学生们注定会忘记绝大多数在学校里学过的东西。

考试的影响

西摩·佩珀特(Seymour Papert)(1980)在其著作《头脑风暴:儿童、计算机和强大观点》中提出,你必须爱观点,去达到对世界的深刻理解。然而,学校不能培养对学习的爱。尽管如此,一些人还是逐渐爱上了学习,但学校却总是让这些观点显得味同嚼蜡,因为其目标是确保每个人学会专家认为重要的东西。学校不让孩子们追求自己感兴趣的东西。相反,学校把主题分解成小的单元,一个主题接一个主题地进行教学,确保一切都能被覆盖到。没有时间让学生们停下来闻一闻玫瑰的芳香,享受一下生活,因为下一次考试马上就会来临。

佩珀特(1980)接着说道:

> 技能和具体事实很容易以控制好的剂量分发给学生。它们更容易测量。强化对某项技能的学习肯定要比检查某个人是否"终于知道了"一个观点更容易。学校强调学习技能和事实,强调学生把学习想象为"学会什么"和"学会如何做",一点都不令人惊讶(1980:136)。

5　　正如佩珀特在35年前所说的那样,考试对学校课程有一种强烈而又深刻的影响。教育测试的一个主要目标是开发一些客观性测试,去覆盖学校所教的广泛主题。这就迫使试卷编制时包含大量有封闭式答案的问题,比如多项选择。菲利普·皮蒂(Philip Piety)(2013)和维基·埃伯利斯(Vicki Abeles)(2015)表明了这种考试如何导致了广泛作弊和应试教学。

为了编制这些考试,教育者把完成复杂任务的过程分解为一套用短项目测量的事实和技能。这导致了一种反常,一个很好的例子是写作能力的测试方式。因为写作涉及产出多段落的文本,没有办法去客观评分。因此,过去对写作的评价只能根据词汇、语法、编辑进行,这些都是能客观评分的。最后,写作圈内的人反对这种策略,坚持认为,评价写作的唯一方式是让学生写作。然后,教育者开发了量规(即标准),为短文评分,接受评分培训,以便能客观而可靠地评分。然而,参加这种考试评分的英语教师发现这些评分量规和方法是一种束缚。创造力和复杂论点的展开都没有纳入现有的写作评价。但当前的写作评价肯定要比评价语法项目和编辑任务好得多。

评价写作这样的复杂任务存在的问题,说明评价扭曲了我们在学校里所教的东西。有许多复杂能力是客观评价技术所不能测量的。这些能力对于应对生活中非良构、不清晰的挑战至关重要。因为学校强调容易评分的测试,使教育中的一些最重要目标被淡化了。这些重要目标包括下面一些方面:

- 解决世界中真实出现的复杂问题
- 口头进行有说服力的展示和辩论
- 发现和研究值得探究的问题
- 弄清在一些复杂场景中所发生的事情,能够诊断这个过程中发生的问题
- 设计制品和系统,来完成有意义的目标
- 为完成一件价值不菲的作品而担负责任
- 倾听他人意见,理解不同观点
- 询问他人一些促进性问题,让他们思考自己正在做的事情
- 评估信息来源的可信度
- 深刻理解几个尤其感兴趣的探究领域,比如环境问题、政治历史或文学理论
- 阅读与学生兴趣和目标相关的材料
- 与他人良好合作去计划和完成任务
- 做出重要决定,比如从事什么职业,如何保持身体健康

给我的感觉是,这些目标与我们用来考核学校绩效的考试所蕴含的目标截然不同。

随着越来越强调学校中的考试,多年来课程正在日益窄化,去聚焦于那些容易测量的事实和技能。这意味着学校在培养年轻人的思维性职业方面——这些职业能帮助他们在21世纪获得糊口的薪水——越来越捉襟见肘。

复杂社会中教育的目标

为了说清楚什么值得学习,我们要先思考一下教育的中心目标。不同的人和社会有不同的目标,而这些目标又随着社会发展而不断变化。生活在今天的人们的需求,与19世纪和20世纪编制学校课程的教育者的目标大相径庭,因为这些目标中的绝大多数都与今天年轻人的需求无关。

戴维·科恩(David Cohen)(Powell,Farrar,& Cohen,1985)通过下面这段话谈到了教育的优先事项:

> 美国人永远不会在教育目的方面完全达成一致意见……比如,他们可能认定他们的主要目标是培养出能进行良好批判性阅读的学生,进行清晰和有说服力的写作的学生,或清楚推理的学生。阅读、写作和推理不是学科,它们是智力能力。它们能通过学习学术性学科来进行教学,但教师得良好掌握这些能力,他们必须试图教这些能力而不是覆盖这些材料,学习材料必须进行安排来培养这些能力——而不是培养那种记住一些事实或写下一些脱节的信息片段的能力。(1985:306)

2009年,我在西北大学面向研究生开设一门关于教育历史的课程,我

要他们为美国高中构划一门课程。学生们决定围绕科恩(Cohen)及其同事的建议从四个方面组织课程:

1. 批判性地阅读和思考
2. 通过不同媒体有效交流
3. 在不同领域进行逻辑性的推理
4. 调查不同的问题

他们的计划包含不同学科中的主题,比如英语、历史、数学、科学和艺术,镶嵌在上面四个领域的每一个中。他们觉得这种课程能把教育的重点从事实和技能转移到加强21世纪生活所必须的智力能力。

1991年美国劳工部发表了就业技能委员会报告(SCANS Commission,1991),该报告试图详细说明21世纪职业所需的通用知识和技能。报告认为,学习者应该围绕五个方面的核心能力接受教育:

1. 发现、组织、计划和分配资源
2. 与他人合作
3. 获取和应用信息
4. 理解复杂系统
5. 运用各种技术

报告指出,这些新能力应该围绕基本技能、思维技能和责任心、正直等人际素质的基础建立起来。SCANS报告标志着对复杂工作所需教育的不断变化的需求。20世纪以来,常规工作一直在消失,对灵活性和思维的需求也在增加。随着人们的生活和工作不断变化,他们不得不终身持续学习新知识和技能。

自从 SCANS 报告发布以来,大量书籍和报告已经讨论过未来职业所需的知识和技能。例如,托尼·瓦格纳(Tony Wagner)(2008)在其专著《全球成就差距》中,详细说明了他认为对于应对越来越具有竞争力的世界很关键的七种生存技能:

1. 批判性思维和问题解决
2. 通过网络合作,通过影响力引领
3. 机敏和适应能力
4. 主动性和企业家精神
5. 有效的口头和书面交流
6. 获取和分析信息
7. 好奇心和想象力

这七条强调了学校很少教授的那种软技能。

同样,伯尼·特里林(Bernie Trilling)和查尔斯·费德尔(Charles Fadel)(2009)在他们所著的《21 世纪技能:在我们这个时代为了生活而学习》一书中,认为人们所需的能力可分成三种类别:

1. 学习和创新技能,比如批判性思维和问题解决
2. 数字素养技能,比如信息和媒体素养
3. 职业和生活技能,比如适应能力和自主

这三个类别完美融合了最近一些书籍和报告所提倡的绝大多数能力。

尽管我支持这些有关生活在21世纪所需的新能力的论述，我却采纳了稍微更广泛的路向，试图找到重要的应该培养的关键性观点、策略和心向。这些报告聚焦于职业技能，而我还想识别那些对于做出明智的个人和政策决定、过上令人满足的有意义的生活很关键的观点、策略和心向。

不同种类的强有力观点

我认为学校没有把重点放在使学生更聪明的那些强有力的观点上。这些强有力的观点分成各种类别，有戴维·科恩及其同事（1985）所建议的各种能力。有重要的信仰和倾向，比如坚持和热爱学习。有各种应对问题、学习新主题、发明新的解决方案和观点的策略。有各种对理解这个世界很关键的广泛适应的观点。有各种框架帮助组织知识，在需要时获取知识。有对做出有效决定很关键的各种区分。所有这些都是学校需要聚焦的知识。

能力。 想一想西北大学学生设计的课程所建议的四种能力。批判性阅读和思考不仅仅涉及解读文本，而且包括解读和评价表格、数据、口头话语、图表、动画、视频、模拟和现在充斥在我们生活中的所有其他媒体。用不同媒体有效交流包括制作视频和展示、倾听他人、建构对你自己和你的观点的数字表征、运用新媒体进行有效论述，与他人协商。在不同领域进行逻辑性推理不止需要数学和科学推理。它要求理解其他人怎样推理或对不同事件作出反应，考虑不同情况会如何发展并预料如何做出回应，对它们的优点和局限进行类比和评价，预测未来的趋势和可能场景。关于不同问题进行调查涉及历史、数学、法律、医学和生活中出现的其他问题。当然还有对生活中成功很重要的其他能力，但这四种肯定是很关键的。

信念和心向。也许学习者能掌握的最重要事情是一套具有产出性的信念和心向。尽管一些心向是天生的,但绝大部分是后天获得的,即使天生的心向也可以通过经验来进行修正。对学生进行有关心向的教学,纽约哈莱姆区的中心公园东中学尝试了一种方法(Darling-Hammond, Ancess, & Falk, 1995; Meier, 1995)。这所学校强调学生应该学会提出和解决与五种思维习惯相符合的反思性问题:

1. 我们是从什么观点看到、读到或听到这些的?
2. 我们是如何知道我们所知道的一切的?有什么证据,这个证据可靠性如何?
3. 事情、事件或人们是如何关联的?起因和结果是什么?它们如何符合?
4. 万一⋯⋯会怎样?事情有没有其他可能?有什么备选方案?
5. 那又如何?为什么这很重要?这一切意味着什么?谁会关心这件事?

学生们在完成学业的过程中,受到鼓励去发展一种询问自己这些问题的心向,因为这些问题对于他们在学校所做的事情至关重要。学生们要想毕业,就必须在口头或书面考试中回答关于自己学业的这些问题。这些问题拓展了学校所教内容的定义,容纳了一个信息丰富的世界中适应性思维所需的各种心向。

除了哈莱姆高中所教的各种心向以外,许多不同信念和心向对于美好生活也很重要——比如说一些重要信念,即如果你努力,你就能完成绝大多数任务;你应该努力完成值得的能为世界作出最大贡献的任务。有各种社会信念,比如大多数人都试图帮助他人,合作对完成大多数目标而言至关重要。有各种社会心向，比如对他人的观点表示出兴趣，当他们告诉你事情时仔细倾听，帮助他人而不求回报，理解其他人的背景。还有体现各种重要能力的心向，比如做事情前进行计划，当你工作时监控你的进步情况，并随后检查，然后反思你的工作可以如何改进。

策略。 成功生活的策略往往与有产出力的心向相关。例如，有效倾听的一个策略是采纳他人的观点，对它们进行推敲或归纳，也许能在此过程中改进观点。另外一个策略是当你发现错误时就承认错误，这样其他人就能认真对待你的观点。发展这些与他人合作的策略对产出力很关键。同等重要的是计划、监控和反思自己作品的策略。例如，反思的一个有效策略，是在你开始前找到一套评价你作品的标准，然后在你前进和完成的过程中应用这些标准（White & Frederiksen, 1998）。在本书中，我将讨论批判性思维、进行调查、创造观点和产品的各种策略。

具有广泛适应性的观点。 在《孩子们的机器》这本书中，佩珀特（1997）讨论了模块性观点的重要性。模块性描述的是系统被分解为子系统的方式，这些子系统会一个接一个地自动运作。例如，人类身体有一些子系统，比如神经系统和循环系统；汽车有子系统，比如推进系统和电力系统。佩珀特指出了模块性对于计算机程序排障的重要性，因为问题能被分离为不同的子系统，这减少了发现问题时的搜索空间。模块性对于电力系统排障同等重要。诺贝尔奖得主赫伯特·西蒙（Herbert Simon）（1969）在其《人工科学》一书中解释了模块性在设计系统时如何重要，因为它能把设计者解放出来，让他们能独立于其他子系统去设计和修改每一个子系统。模块观点在自然和人工系统中有非常广泛的适应性。它对于设计各种系统及在系统发生故障时找到问题非常关键。

同样，经济学中的激励观点也有广泛的适用性。一位经济学家喜欢讲英国人过去用船把罪犯运到澳大利亚的故事,以此把学生引入经济学领域。许多囚犯会在运输过程中死亡。这些死亡引发了英国公众的憎恨,但他们尝试的所有措施,比如在船上配备医生,都不能解决问题。最终有一位经济学家建议他们按抵达澳大利亚的健康囚犯的数量而不是流放时的数量来给船长支付报酬,结果这个问题就自己得到了解决。理解激励措施如何运作,对复杂社会中的个人和政策决定有巨大意义。

领域框架。领域框架是组织整个探究领域的一个结构,比如经济学或生物学。在进行一项研究时,我要科学家解释在1970年代初到1990年代初期间美国薪水下降的原因,所有回答者都用影响供给和需求的因素来解释这种下降。供给和需求是经济学领域中的一个重要框架,要正确理解它,你必须知道不同变量如何影响它。供给和需求对理解我们周围经济世界中发生的很多事情至关重要。同样,理解进化对理解生物学和环境中的很多内容都很重要。此外,进化是一个生成性的观点,能引发其他重要观点,如模因(memes)(Dawkins,1976)。正如维基百科所界定的那样,"模因是一种文化中从一个人传播到另一个人的某种观点、行为或模式",很像基因传播生物学信息一样。领域框架,比如进化或供求关系,能帮助对整个知识领域进行组织,因此它们对记住和找到理解世界所需的信息非常关键。

关键区别。学校里会教一些关键区别,比如创造性、劝说性和描述性写作之间的区别,或固体、液体和气体之间的区别。但有些关键的区别学校没有教,比如不同政府之间的区别,不同企业之间的区别。例如,无论是从政策还是个人角度而言,公共企业、家族企业、伙伴关系、合作关系和非营利机构都是需要理解的重要观点。在接下来的几章中,除了人们必须了解的这些区别外,我将强调许多关键区别。

将值得学习和不值得学习的内容区别开来

正如我前面提到的那样,学校所教的许多内容并不是特别重要,除非年轻人从事的职业必须用到这种特定知识。我们如何才能区分哪些内容值得学习,哪些不值得学习呢?我提供的答案也许会让对当前学校所教内容寄予厚望的人感到不安。

因为因特网正变成世界上所有知识的储存库,所以知道很多事实在今天变得越来越不重要了。例如,日期和地点这样的知识已经变得无足轻重。但这提出了一个问题——如果人们不学习关键事件发生的日期,那么人们怎么学习历史趋势呢?以及另一个问题——如果人们不知道世界上的地名,他们如何理解这个世界呢?让我来回答这两个问题。

因为绝大多数人不会在自己的正常活动中使用日期,绝大多数人都会忘记它们。我认为了解历史趋势的一个更好办法,是了解历史上的不同时期以及这些时期所在的大致时间段。以西方历史为例,它可被分为猎人—采集人社会;苏美尔、埃及、希腊和罗马的早期帝国阶段;中世纪和封建社会;文艺复兴;地理大冒险时代;宗教改革时代;启蒙运动;工业革命;现代时期。尽管一些日期需要被记住,比如 1492 年,但其他日期不值得教,因为没有什么事情是没有这些日期就办不了的。真正重要的是历史趋势。

在地理教学中,学校强调许多对大多数人无用的信息,比如说不同国家的首都和地区。这又是一些对大多数人生活不重要的信息,它占据了很多本可以用于学习更重要事情的时间,比如说主要国家的基本历史和地理位置,如英国、法国、德国、中国、意大利、日本和俄罗斯,对美国人来说还有墨西哥和加拿大。有许多国家和地方大多数人永远都不会记得,除非这些国家碰巧和某些时事搅在一起。那时,如果人们想更多了解这些地方,可以通过网络查找信息,但花费很多时间去记住对大多数人的生活而言不那么重要的地名上,是不值得的。反过来,如果了解重要国家的文化、经济、地缘政治以及它们之间的关系,会有意义得多。

尽管我在书中不会讨论学生们应该了解多少关于政府运作的内容,但我真的认为,那些让学生参与立法模拟的学校能提供有用的知识,帮助学生理解对运作有效政府来说至关重要的平衡。我也认为让学生调查不同治理体系——比如总统选举体制、议会体系和公司体系——的优点和缺点,会大有裨益。理解治理体系如何运作,对在当地、国家和国际层次上成为好的公民非常重要。

因为计算机能执行从小学到研究生院所教的各种运算,所以人们会认为,知道乘法口诀表已经不太重要,因为我们的智能手机和电脑上都有计算器。但知道乘法表事实上也许对估算很关键,例如当客厅地毯每平方英尺卖 8 美元时,估计一下成本。如果乘法估算用得很频繁的话,年少时学习乘法表还是非常关键的,除非每个人都有一部智能手机。在监控你解答难题,或在你完成作品后进行评价时,估算都是一项关键技能。这些策略技能对于人们做的每件事情都很关键。

为了举例说明估算和推理的重要性,新罕布什尔州曼彻斯特市的校监在 1930 年代让他属下的教师们在学生入学的前五年不教授数学运算,代之于数学推理和估算任务(Benezet,1991)。他之所以做出了这个改变,是因为他在问学生一些问题时得到了启发。比如,其中一个问题是,"如果半根管子埋在池塘底部的淤泥中,剩下部分的三分之二在水中,有一英尺在水上。那么这根棍子的长度是多少?"按照传统方式教学的学生会一开始就把所给的数字加起来(即 1/2 + 2/3 + 1),而按照新方法进行教学的学生在整个问题中都会推理。该校监修正过的课程将思维置于运算记忆之上,但在他退休之后,这个项目没有能够持续下去。

数学和科学课程的很多问题类型所教的程序是人们永远也用不上的,

除非他们从事某种特定行业。例如,代数课程经常教学生解决一些流速问题,比如"一个水泵抽水 4 小时可以装满一个游泳池,另一个泵需要 3 小时,如果两个泵一起抽,装满需要几个小时?"正如数学中的绝大多数问题一样,这是一个人们不可能遇到的问题,就像佩姬苏对她代数老师指出的那样。难怪大多数人都忘记了他们在数学和科学课中所教的内容。

关于课程的主要观点之一涉及到是否存在每个人都应该阅读的被称为精品的伟大文学作品。我的看法是,重要的是让人们广泛阅读,但不存在每个人都应该阅读的某部作品。例如,强迫每个人去阅读莎士比亚的作品,会让很多人憎恨莎士比亚。这就起到了反作用。理想的情况是,学生们就自己感兴趣的领域进行深度阅读,无论是军事历史、诗歌、英语小说、科幻小说、神话故事,还是力学。他们可能需要指导,去发现能促进对某个主题的深度知识的阅读作品,教师、对同样领域感兴趣的朋友,甚至是计算机系统,都能推荐好的作品。和对许多不同主题知识的浅尝辄止相比,深刻追踪一些主题在复杂社会中会有更多回报。

如果学校鼓励学生阅读他们喜欢的内容,而不是"对他们有好处"的东西,我认为学生们会进行更多阅读。他们可以和其他兴趣相投的学生一起参加小组、课堂或进行在线学习,在其中讨论所阅读的内容,针对阅读内容写出批判性的读书报告。问题是,现代学校不同于过去的单室校舍,是基于全班同学同时做同一件事这个理念运作的。鼓励学生追踪自己感兴趣的主题,被认为是他们可以在校外进行的事情。

就外语而言,我认为对大多数美国学生来说,花费在语言学习上的时间都是一种浪费。我过去学过拉丁语、法语、德语,但除了玩填字游戏外,其他的对我都没什么实质性的好处。事实上,人们不久就将拥有从一种语言翻译成另一种语言的智能手机。当然,对语言感兴趣的学生应该学习自己喜欢的语言,但强迫所有美国学生去学习外语,不是在最佳利用他们的时间。这对于欧洲人并不一定正确,因为他们和国外的人互动更加频繁,而他们使用的通用语是英语。全世界多数人会讲英语是明显有好处的,但其他语言就不那么明显了。

就艺术而言,我认为学校应该鼓励学生去深入追踪自己最喜欢的艺术。这是数字青年网络(Barron, Gomez, Pinkard, & Martin, 2014)和中央公园东中学(Darling-Hammond, Ancess, & Falk, 1995)所采用的方法,这在后面第2章和第7章都会讲到。因特网拓展了人们能轻易制作和展示的各种艺术,比如创建在线游戏、音乐视频、数字艺术或同人小说。正如斯蒂夫·乔布斯教给我们的那样,设计的艺术感对新产品的成功非常关键。年轻人现在可以在网上创作作品,然后面向全世界进行展示,有可能的话销售出去。事实上,因特网可以带来艺术创作的文艺复兴。

学校经常设定各种要求,让学生学习他们以后生活中永远也用不到的东西。这就是佩姬苏那个故事的主旨。在一个孩子们能通过因特网追求自己任何兴趣的世界中,对于要求学生学习的内容,学校必须更加仔细。否则的话,他们会发现自己面对更多叛逆学生,其中许多人会开小差或辍学。成人教育的一个准则是,你不可能教会成年人任何他们认为自己不需要或不想学习的东西。正如尼尔·波兹曼(Neil Postman)(1982,1985)在其书中所指出的那样,我们的孩子已经被现代世界"成人化"了。如果学校能降低要求,鼓励学生去学习自己最感兴趣的内容,它们就会良性运作。

本书的结构

学校如何适应21世纪?本书是围绕五种趋势展开的,这些趋势对学校应该教什么会产生深刻的影响。

- 第2章。在今天的青年文化中,年龄低至6岁的小孩已在给朋友发短信,建立Facebook页面,加入同人小说俱乐部和其他网络社区,所有这些对于教授读写素养和社会技能都有深刻意义。
- 第3章。随着社会朝着更加独立生活和工作的方向发展(所谓的"零工经济",gig economy),人们必须变得更加自立。这要求他们理解复杂的健康、法律和金融问题,自我控制其生活和决定。
- 第4章。随着技术变得更加普遍,对于只能做常规事务性工作的工人的需求减少,更受青睐的是能够通过批判性和创造性思考去解决问题,管理自己的时间和资源,与他人有效合作的工人。
- 第5章。社会正面临着日益复杂的政策挑战,这些挑战要求更好地理解公共事务,比如气候变化、污染、公众健康、移民和政府财政。为了做出明智的政策决定,公民必须对这些政策涉及的复杂平衡有更充分的了解。
- 第6章。数学和科学基础对我们在复杂社会中所做的一切变得非常关键。它们是绝大多数发明和创新的基础,对经济的不断增长非常关键。更简单地说,在工业革命之前,人们不需要对数学和科学有深刻理解就能做出明智的公共决定和个人决定,但随着世界的复杂性增加,这些决定已经变得更加困难。

第7章呈现了一个如何重建学校和课程来更好应对不断变化的社会的愿景,以此来作为全书的结尾。我的愿景结合了一些重要原则,来重新设计学校教育,使教学和学习更适于发展21世纪所需的技能和知识。它体现了真实的任务和评价,这是在完成有意义的任务、同伴教学和辅导,以及在计划、实施和反思的学习循环背景中教授特定能力的双重焦点。目标是发展能对学生动机和学习产生重大影响、能更好培养学生为他们正在进入的复杂世界作好准备的学校教育。

  我在此书中的主要目的是提出什么值得教这个问题,而不是坚持说我知道正确答案。到目前为止,将各种主题纳入学校课程的过程,都不是从人们生活在复杂和变化社会中所需的最有用知识的角度考虑的。现在是让社会来针对什么值得教进行辩论的最好时机。下列各章中的具体建议就是为了引发这个辩论。

第 2 章 新素养

正如辛西娅·刘易斯(Cynthia Lewis)(2007)在《新素养样本》一书中所说,"新技术提供了新的实践,但正是这些实践本身以及它们所处的当地和全球场景,才对新素养至关重要。其中的逻辑意义……在于,如果学校像新素养用户一样,也聚焦于实践而不是工具,它们会取得更多成绩……通过专业发展,教师得到了将技术用于课程方面的培训,但他们没有了解随同新技术、交流形式和经济流动一起到来的新的观念模式、身份认同和实践"(2007:230)。

孩子们正花费越来越多时间用新数字技术以不同方式进行交流。孩子们给朋友们发送信息,建立 Facebook 页面与他人互动,玩在线游戏(在游戏过程中他们阅读策略,与其他玩家交流),在秀娃世界(Webkinz World)、企鹅俱乐部(Club Penguin)和芭比女孩(Barbie Girls)网站上流连忘返,参加同人网站俱乐部和其他不同年龄的人们追踪自己感兴趣的网络社区。这些活动都在改变读写的面貌。

它们提供各种新的激励,让孩子们去阅读和写作。它们的"随时随地"可得性及指尖轻点就能广泛发布的这种能力,以独特方式发展了孩子们对自己的认同感——自己会读写,能与世界互动。这个世界与我们大多数人长大的世界大相径庭。它使得素养领域的教育家们能把这些活动的效果融入我们教授读写的方式中,正如前面辛西娅·刘易斯所提倡的那样。

在21世纪交流中,核心素养实践,比如学习读写,与更多应用性产出和展示实践之间的边界正变得模糊。创造多媒体文献,对视频进行整合及评论,在网上找到信息及资源,理解图象和图形,都成为交流的重要方面。

新技术提供有趣的方法,去实现基础素养和应用性素养之间的转换。例如,玩大规模多玩家在线游戏的人用基础素养实践去发展一整套技能,如游说、协商、结盟、施展策略、智胜对手、计算哪种方法更加可行,以及与不同的人进行交流。我们周围的高科技文化日益兴盛,这些素养技能对其运作至关重要。学校需要找到一种方法,去运用技术,让学生参与新素养的发展,因为这些新素养对在当今世界正常运作至关重要。

正在改变的素养面貌[1]

当小孩子学习听和说的时候,他们被一种欲望驱使,那就是让父母回应他们的欲望。学会理解父母所说的话,学会告诉父母自己想要的东西,对年幼的孩童有很大的回报。但在学校里学习阅读和写作不是这么一回事。传统上说,通过学习阅读和写作,孩子们很少获得控制周围世界的能力,这与他们通过学习听和说所获不同。在孩子眼中,学习阅读和写作的主要回报是让父母和老师高兴。如果父母和老师不太在意,孩子就没有太大动机学习阅读和写作。

---

1 下面两节的观点基于Collins & Halverson(2015)。

学校里的学生作品总是面对着只在教室范围内合法的人为障碍。如果只有教师能看到学生作品,学生们就不能经历把作品向真正观众展示时得到的那种真实反馈。在最开始学习一门学科时,从外部评论中学习很有意义。但随着他们的作品逐渐成熟,学生们需要机会在教室外的合法场所中展示他们的学习。因特网的发展使学生作品能更容易被世界其他地方的人看到。网络是第一个开源的大众媒介,使任何人都能把自己的作品发布在可能被全世界观众看到的地方。这可以为学生提供强烈动机,让学生产出对社会有意义的作品。

因特网提供了许多与世界交流的渠道。学生能把邮件发送给全球其他学生和成年人。他们能参与聊天室和社区,其参与者都来自许多不同地点。参与社会网络站点的一个主要动机,就是有机会发布自己创作的描述,让他人能够看到。创建关于自己想法、偏好和创造力的描述,能让其他人把你看成可能的朋友,或让你面对那些与你品味不同的人的批评。无论是哪种情况,参与者都了解他们真正所想的,并从发布自己的作品中获得自我意识。这些不同的渠道提供了与不同人们交流的理由,因此它们能为阅读、写作和开发多媒体表征提供一个有意义的目的。

多用户虚拟环境(MUVEs)这样的计算机环境,能让来自全世界的人们在探究其他人为他们创造的那些地方时,通过打字来交谈。这些多用户虚拟环境中有一些是特地为孩子们创造的,比如说艾米·布鲁克曼(Amy Bruckman)(2000)设计的《驼鹿穿越》(Moose Crossing)。在《驼鹿穿越》中,孩子们用语言创造一个虚拟世界,制造出魔幻地点和有行为能力的生物。在此过程中,他们改进自己的阅读和创意写作技能,学习怎样编写计算机程序。

在这种多用户虚拟环境中,更有经验的人经常辅导不那么有经验的人——通过教学更深刻地学习。例如,布鲁克曼(2000)描述了13岁的雷切尔(Rachael)辅导12岁的女孩斯托姆(Storm)如何运用这个系统。当雷切尔看见斯托姆加入了《驼鹿穿越》后,她发了一条信息去提供帮助,并带她了解这个系统。雷切尔提供了一些宠物例子,斯托姆可以用来创建自己的宠物。雷切尔看了斯托姆的编码,帮助她排除了一些障碍。她带斯托姆到网络云端中玩耍,在天堂岛上建立了一个家。斯托姆想给自己的猫创建一只老鼠去玩耍,遇到了困难,雷切尔就提供了精神支持。到周末时,斯托姆反过来在拼写和程序排障方面为雷切尔提供帮助。在此过程中,双方都在改进自己的阅读和创造性写作技能,学会了如何填写计算机程序。这种新的基于技术的环境能促进同伴辅导,已经被证明是一个有效的学习技巧(Heath & Mangiola,1991)。

新媒体技术的互动为促进教育发展提供了更多可能。从电脑游戏的流行明显看出,互动很具有吸引力。互动也让学习者看到他们行动的结果。这样,他们的期望或预测就能得到证实或证伪,并尝试不同的行动路线来评价他们的相对有效性。科利特·戴尤蒂(Colette Daiute)(1985)表明,运用文字处理器的孩子们写出的文章更好,因为他们能阅读自己输入的单词,然而不能轻易读出自己手写的单词。因此,他们能针对自己写得如何得到即时反馈,运用文字处理器他们也能轻松地修改文章。

网络社区也许是第一个在网上协作的新方式。许多专业领域都形成了网络社区,他们可以在其中分享最新的观点和作品。网络社区也是一个强大的让学习者发展技能的新方式。布里吉德·巴伦(Brigid Barron)(2006)曾描述,一位高中女生发现了一个叫 Xanga(Xanga.com)的网站,数字艺术家在这个网站中谈论和分享他们的作品。她研究了艺术家们创作那些吸引她的作品时所使用的源代码,从中学到了很多。网络社区提供了学习和分享作品的一种新的方式。

丽贝卡·布莱克(Rebecca Black)(2009)一直在研究那些参与同人小说站点(fanfiction.com)的英语语言学习者,这些学习者模仿他们喜欢的书籍,如哈利·波特系列,创作自己的故事。她把自己的研究聚焦于三个女孩:7岁开始学习英语的来自菲律宾的格蕾斯(Grace);11岁时从上海搬迁到加拿大的娜娜可(Nanako);讲普通话和台湾话长大的加拿大人彻丽·陈(Cherry-Chan)。为了辅助英语学习,这三位女孩在该网站上创作故事,网站上的读者帮助他们改正拼写和语法错误。其中很多反馈包含一些热情的评论,如"天哪!我喜欢你们写的东西!",这鼓励着三位女孩继续写下去。布莱克认为她们不仅学习用英语阅读和写作,而且她们的参与从三个重要的方面促进了她们的读写能力发展:(1)它提供了一种在社区中的归属感;(2)为她们提供了信心,让她们尝试更加复杂的学习;(3)让她们发展出作为创作者和英语使用者的认同感。和绝大多数英语语言学习者遭受的痛苦经历相比,这是学习阅读和写作的有效方式。

网络社区帮助培养读写能力的另一个例子是米切尔·雷斯尼克(Mitchel Resnick)及其同事们(2009)开发的 Scratch 社区。Scratch 是一个面向孩童的复杂计算机编程环境,在全国的学校和计算机俱乐部中使用。为了对这个程序进行补充,Scratch 开发者制作了一个社区公告牌,让 Scratch 用户展示自己的作品,从其他用户那儿得到反馈和问题,比如他们是如何实现某些效果的。一位小女孩为其他孩子开发了一个辅导程序,描述了在 Scratch 中创作动画人物的策略,并发布在公告牌上。她得到了很多评论,为她提供的这种有用指南叫好,并针对如何补充她的辅导材料提供了很多建议。

视频游戏用沉浸式的模拟和角色及情节的叙事方法来吸引游戏玩家。

21　许多游戏利用了真实世界情况和物理规则,让玩家承担新角色,参与日常经验之外的冒险。詹姆斯·保罗·吉(2003)描述了视频游戏如何吸引玩家进入许多与日常价值相悖的角色,鼓励玩家注意与自己信念之间的差距。例如,在《质量效应》(*Mass Effect*)和《命令与征服》(*Command and Conquer*)等游戏里,玩家在复杂战争中,担任双方的不同角色。要想在该游戏中取得成功,玩家必须理解冲突双方的资源和能力,然后换位,站在敌方立场看问题。这种角色转换给了玩家宝贵的机会,从多元视角看待冲突。

视频游戏被认为(充其量)是对学校整体转移注意力的威胁,或被看成是一种毁灭性的不可抗拒的活动,同时损毁道德能力,创造一种久坐不动的、让人丧失动机的生活方式。当学校正越来越将学习经历标准化的同时,游戏提供了一种用户界定世界的可能:玩家尝试自己的假设、策略和身份,并得到反馈。这样,相对于学校而言,游戏就典型地刻画了计算的根本颠覆性本质。

大规模多玩家在线游戏(MMOGs)导致了参与虚拟世界的大爆发,有时会导致成瘾。因为这些世界中许多是基于冲突和战争的,人们担心,玩这些游戏会培养青年人的侵略性。然而,很多玩家选择去发展贸易,在《星球大战:星系》(*Star Wars: Galaxies*)这些游戏中充当商人。这些游戏的活力取决于玩家共同创造他们居住的世界。在学校里没有动机为老师学习拼写和语法的学生不久就意识到,在许多在线游戏中对于文盲的惩罚,就是玩家不能与看重的伙伴畅快交流。在一个在线世界中,玩视频游戏会呈现新的社会和心理维度。游戏能帮助玩家学习各种技能,比如对潜在的团队成员进行面试,与团队成员和对手协商谈判,评价各种情况和风险,积极追求目标,从失败中恢复元气。正如约翰·希利·布朗(John Seely Brown)和道格拉斯·托马斯(Douglas Thomas)(2006)所说的那样,今天的游戏玩家也许会变成明天的领袖。

米歇尔·诺贝尔（Michele Knobel）（2008）、凯文·利安德（Kevin Leander）和盖尔·博尔特（Gail Boldt）（2008）、唐勒（Don Leu）（2010）指出，十几岁的青少年正把网络数字媒体用于他们正在进行的商业和社会交流。青少年正带头使用新数字媒体，去模糊个人交流、工作和学习之间的边界。这些作者认为，掌握数字媒体正引发新的媒体素养。这种新的素养将传统印刷媒体的解码和操作技能进行了拓展，整合了视频、图像、音乐和动画，产生了新的制作。青少年正在通过动画计算机图形和声音制作网页，混搭各种图片去开发音乐视频，参与网络聊天室和论坛，写自己的博客，从而发展一种学校不会教授的高级媒体素养。

为了培养学生在这个新兴世界中交流，不仅仅要求传统的阅读和写作，而且要理解如何用不同的媒体与不共享相同假设的人们交流。有时这意味着阅读来自不同来源的多媒体文献。其他时候这意味着在不同情境中（如涉及项目、协商和问题解决）通过因特网与人们交流。因特网交流可能涉及到发短信、写博客、社交网络站点、聊天室、视频会议和共享工作空间。学生需要学会在所有这些不同的情境中交流。

重新思考培养所有人素养的教育

尽管因特网为孩子们获得读写技能开辟了各种新方法，但学校在把这些方法融入教学方面进展缓慢。正如哈尔弗森和我（Collins & Halverson, 2009）所认为的，学校教育文化和新技术的迫切需求之间存在深刻的不兼容。例如，学校强调的是每个学生必须掌握的核心课程，而技术允许学生追求自己的兴趣和目标。另外，学校期望控制学生所做的一切，而技术让他们探究网络的宽度。因此，K-12学校把电脑置于学校的边缘，这样它们就能在学生使用电脑时控制他们所做的事情(Cuban,2001)。

要想帮助孩子们获得这些新的读写能力，作为社会的一员，我们理应提出下面一些问题：

- 如何给予孩子们工具去学习自己阅读和写作？
- 如何制作需要越来越复杂读写技能的令人兴奋的游戏？
- 如何支持孩子们找到反映他们深刻兴趣的网络社区？
- 如何帮助孩子们创造一个对他们社区或世界上的其他孩子有吸引力的网络身份？

对这些问题的回答能深刻影响读写学习，但很少有人问这些问题。我们需要激进地重新思考未来发展读写能力的方式。

一个提议是给美国孩子人手一部手持设备，里面装满了儿童文学的精华，能帮助他们学会自己阅读(Collins & Halverson,2009)。现在已经有很多具备这种支持阅读能力的书籍阅读应用程序了(Neary,2011)。这种设备中有一些容易阅读的故事，比如苏斯博士的《绿蛋和火腿》配上了美丽的动画。孩子们能够指着困难的单词或行列去听程序阅读。他们也可以选择听整个故事被高声朗读，一边朗读一边将那些单词高亮凸显。有各种有趣的故事满足不同类型的学生，有各种支持帮助他们找到自己最喜欢的故事。有各种孩子们可玩的涉及阅读的游戏。重要的是研究如何最好地吸引兴趣不同的孩子用这种设备去学会自己阅读。但考虑到年幼孩子们对智能手机和任天堂游戏系统的痴迷，生产出手持式设备去创设学习阅读的有效环境应该不难。如果要让穷人和少数族裔的孩子发展出强大的英语读写能力，关键的一点是让他们早点得到这些设备。

因特网能让孩子们和全世界的孩子分享他们所读的东西。让孩子们广泛阅读非常重要，但教育者不应该指定学生们应该阅读的特定书籍和故事。一些孩子想读小说类的书籍，其他孩子则想读各种非小说类的书籍。如果学生们写一些书籍综述和评论，这样其他学生就能发现别人对不同阅读材料的看法，这很好。理想的情况是，学生们能和那些同样读过这些书的志趣相投的学生一起交流。目标是在网上建立兴趣团体，帮助学生找到其他和自己共享兴趣的人。在这个安排中，学校的责任是保证学生阅读和分享他们所学的内容，而不是考查他们能回忆起多少读过的内容。

埃迪特·哈雷尔·卡伯顿（Idit Harel Caperton）（www.worldwide-workshop.org）一直与西弗吉尼亚州和得克萨斯州的各种中学和高中合作，基于Globaloria网络平台开发数字读写材料。参与的学生运用Globaloria平台提供的计算机工具，在更年长学生（包括一些大学生）的支持下，开发游戏或模拟。目标是灌输六种对大学和工作场所的成功很重要的学习能力：

1. 为某个教育网络游戏或交互性模拟去发明、从事和完成一个原创数字项目的能力
2. 在一个维基网络环境中管理在线项目的能力
3. 运用维基、博客和网站创造数字媒体制品、在线出版和发布这些制品的能力
4. 在网络环境中，在不同年龄群体和专长水平间进行社会性学习、参与和交换的能力
5. 把信息作为学习工具，有意图地搜寻信息、探究信息的能力

6. 浏览网站、实验网络应用程序和工具的能力

这些是我们的孩子正在进入的数字世界所需要的新素养,而这些素养很少有孩子能够在学校里学会。这个项目正在让广泛的学生接触到新素养,而他们本来是不能发展出在技术时代成功所需的新素养的。

数字青年网络,是芝加哥一个校内、外结合的项目,能在初中少数族裔孩子中发展新素养技能(Barron,Gomez,Pinkard,& Martin,2014)。这个项目提供各种特殊的课后俱乐部(比如机器人、图形设计、数字广播和电影制作、音乐录音和混音、视频游戏开发)以及学校规定的媒体艺术课程。该项目提供了艺术导师,帮助引导年轻人在课后进行创作。它还开发了一个私人社交网络和学习在线空间,称为混音世界(RemixWorld)。在混音世界中,学生能够分享和评论视频、歌曲、播客和图形设计,通过常见的博客帖子和讨论主题进行对话。数字青年网络将学生定位为创造性和批判性的生产者。艺术导师帮助学生批判性地看待呈现在他们面前的观点,同时针对自己看见和听见的内容生成自己的回答。学生们通过产出原创性的产品来学习表达自己的观点,并回复针对自己作品的建议和评论。

这些例子说明了随着新媒体到来学校应对公平问题的一些方式。技术时代的小孩越来越习惯于控制自己用新媒体所做的事情,因此通过布置给学生传统阅读和写作任务来教授读写会更加困难。由于新技术能让孩子们追求自己的目标,他们越来越不愿意做自己被告知要做的任何事情,就像成年人一样。我们不得不找到一些办法,给予孩子们更多权利,在追求自己目标的同时,去学习批判性的读写技能。

我们要他们学习的那些技能的实用性在这里变得很关键。Globaoria和数字青年媒体都强调让孩子们在詹姆斯·保罗·吉(2003)所指的"亲和

空间"和亨利·詹金森（Henry Jenkins）（2008）所指的"参与性文化"中学习。这些社交网络提供了线索，让阅读、写作和新形式的素养变得对孩子有意义。要想在数字世界中得心应手，学生们需要掌握这些新素养技能。作为教育者，我们的工作是让所有的孩子去找到一个共同体，鼓励他们在获得新素养的时候变得富有创造性和建设性。

学生应该学习什么实际的素养技能？

为了让学生在数字环境和其他环境中学会有效交流，一些实际技能素养非常关键：参与有成效的对话，劝说别人接受观点，有效协商。下面，我将谈谈学生在这三个领域需要学习的具体策略，这些都是学校很少会教给学生的。

参与有成效的对话[1]

对话总是在同时同地聚集的个体或群体之间发生。但随着计算机技术的到来，人们通过短信和电子邮件交流，参与聊天室、论坛和网络社区，在博客、Facebook、Twitter 和其他社交媒体站点发帖。看起来似乎许多年轻人更情愿与他们认识的人通过因特网交互而不是进行面对面谈话（Turkle，2015）。这些新形式的对话中许多都是学习性的对话。我们整个社会需要更广义地思考这种教育转型的意义。

这些新形式的对话会不可避免地改变学生的学习内容和学习方式。教育者要想设计对新一代数字小孩有效的学习环境，就需要认识到这些变化。

---

[1] 这一节观点源于 Collins & White（2015）。

我们经常听说年轻人多么容易被短信信息和电话分散注意力,这让有些人认为思维正变得更肤浅(Carr,2011)。我们也听说过新媒体很容易带来匿名性的网络霸凌——这是最危险的对话形式。从积极意义上说,新媒体能让女孩和害羞的人更多参与对话(His & Hoadley,1997)。

谢里·特克尔(Sherry Turkle)(2011)在其所著的《群体性孤独》(*Alone Together*)一书中表示,对短信越来越多的依赖正诱惑学生远离真正的对话,并对此表达了担忧。青少年经常说,他们更喜欢发短信而不是谈话。她认为,这些青少年发现发短信给了他们更多控制,但牺牲了深度和亲密度。他们正把短信发给很多人,而不是与少数人进行一对一的谈话。学校也许会变成练习和学习深刻对话的最后净土之一。

有成效的对话不会轻易发生在人们中间,特别是那些与同伴进行越来越多在线对话的孩子中间。有关"可理解对话"的研究,揭示了教师掌握必要的谈话语步去引导学生进行有吸引力的、促进深刻理解的对话是多么困难(Michaels,O'Connor,& Resnick,2008)。芭芭拉·怀特和约翰·弗雷德里克森(John Frederiksen)(2005)开发了一个建议系统,教那些团队合作的孩子去发展有效的谈话语步,让他们深刻探究各种主题,评价自己的学习。这些谈话语步镶嵌在一个被称为探究网络(Web of Inquiry)的计算机系统中,而更简单的形式是印刷成一套角色指南,5年级的学生在进行小组合作时应用这些指南引导他们的探究。

当学生进行小组合作去调查研究问题时,每个学生都担任不同的管理角色,包括认知角色(理论、证据、综合和应用管理者)、社会角色(协作、交流、调节和公平管理者)、元认知角色(计划、产出、反思和修正管理者)。在小组中,5年级学生首先担任认知角色,接着聚焦于社会角色,最后履行元认知角色。

这12种角色中每一个都有一页纸的指南,所有指南都遵循相同格式。4种认知角色帮助学生理解和完成他们的观点。他们推动小组清楚表达观点,为他们的观点引用证据和应用。图2.1表明了孩子们在证据管理者指南的帮助下,学习使用的各种认知建议。

社会性顾问将小组努力的重点放在公平分享他们的作品,相互倾听彼此意见,发现它们之间的差异上。图2.2说明了学生们从镶嵌在交流管理者的建议中,关于合作学会了什么。

元认知顾问帮助学生计划、监控、修改和反思他们的作品。其中一位元认知建议者——计划管理者——关于怎样进行计划提出了基本建议。图2.3所示的是一个计划管理者指南。

目标1:找到证据和例子去支撑人们的观点。
问题: 没有证据去支撑一个观点。
策略: 让人们为自己的观点产生坚实的证据。
- 你所持观点的证据是什么?
- 你能给出一个支持你论断的证据吗?

策略: 让人们为自己的观点给出理由。
- 你为什么认为那是对的?
- 你能为那个观点进行辩护吗?

目标2:在支撑某个观点的过程中寻找弱点。
问题: 某个观点似乎没有得到很好支持。
策略: 让人们评论每一个理论的证据。
- 我不相信这一点,因为……
- 你的证据不能支撑你的理论,因为……

目标3:决定人们的论点是否合理。
问题: 一个观点不合逻辑的原因。
策略: 在人们的论点中寻找问题和漏洞。
- 针对你为什么相信……,你没有给出一个很好的论点。
- 你的论点不能使我信服,因为……
- 我认为你的论点中遗漏了……

图2.1 证据管理者

目标 1：相互倾听。
问题：人们不能做到相互倾听。
策略：找到方法让每一个人仔细而充满敬意地倾听他人所说的话。
- 克里斯，你能解释萨沙刚才所说的话吗？
- 萨沙提出了一个重要观点。每个人都能理解这个观点吗？

策略：让小组认真对待每一个人的观点。
- 那看起来是一个重要观点……
- 我喜欢这个观点，因为……

目标 2：相互发展彼此的观点。
问题：人们没有从彼此的观点输入中受益。
策略：让人们把自己所说的话与别人所说的话关联起来。
- 你刚刚所说的让我想起了……
- 在克里斯所陈述观点的基础上，我认为……

目标 3：发展出一个普遍、共享的理解。
问题：人们不能相互理解。
策略：让小组检查共同的理解。
- 克里斯，刚才所讲的你明白了吗？
- 我对你的意思不太有把握。你能再解释一下吗？
- 你意思是说……

图 2.2　交流管理者

目标 1：决定目标。
问题：小组不太明白它想干什么。
策略：让小组讨论其目标是什么。
- 我们想干什么？
- 我们最优先的目标是什么？

目标 2：为实现这些目标制定一个计划。
问题：我们对于如何实现这些目标没有计划。
策略：把这个任务分成一系列步骤。
- 我们应该先做什么？
- 下一步做什么？
- 我们该如何完成这一步？

目标 3：决定谁来做什么。
问题：关于谁来做什么，我们不能达成一致意见。
策略：根据每个人的兴趣和优势，公平划分工作。
- 我们是应该合作完成所有工作，还是应该把它进行分解？
- 谁应该负责这项任务？

图 2.3　计划管理者

怀特和弗雷德里克森（2005；White, Frederiksen, & Collins, 2009）引用了几条证据，表明孩子们履行这些角色几个月后，就能内化这些策略，不仅仅是为自己的角色，而且是为了小组中其他人的角色。如果孩子们能学会内化这些镶嵌在指南中的策略和问题，他们就能变成更好的思想者，能相互进行更好的对话。彼此询问指南中要孩子们思考的问题有令人难以置信的价值。这些知识能帮助学习者在多玩家游戏和驼鹿穿越等环境中学习，生成更多有成效的对话。

进行有成效的对话并不容易。尽管让教师去学习那些帮助孩子们在教室里进行有成效对话的谈话语步很重要，但还不够。如果孩子们内化"可理解谈话"研究（Michaels, O'Connor, & Resnick, 2008）所提倡的那几种谈话语步，他们就能在教室内和教室外支持对话，去进行更深刻的思考。在孩子们与同伴谈话的数字环境中，对话得到极大拓展。在他们学习时经常没有老师指导，为了使这些对话更加富有成效，教育者要弄清如何教孩子们内化那些导致有成效对话的谈话语步。怀特和弗雷德里克森的工作在这个方向上做出了前途无量的探索。

具有劝说性

在学生创造的很多产品中，以及他们在线上线下进行的互动中，他们都试图劝说其他人去做或相信一些能帮助学生实现自己目标的事情。学校教给学生让他们信服的知识和技能非常关键。

劝说的策略与讲话、写作和在数字媒体中互动几乎一样。但每一种媒介都有自己的特性。面对面的谈话在协商复杂问题时很有帮助，因为会发生误会，这些误会需要被探查和解决，以达成理解。书面交流在交流复杂问题时非常有效，特别是在人们需要反复查看文本和图表去达成理解的情况下。视频具有吸引力,能给予观看者一种参与感。理解不同媒体的优势和局限,对于当今世界中的劝说非常关键(Collins,Neville,& Bielaczyc,2000;Poe,2011)。

学生需要学会使一个论据有实质内容,有令人信服、有趣、可理解、能记住的关键要素(Collins & Gentner,1980)。有许多策略去实现这些目标。

- **有实质内容**。一个有实质内容的论据能提出重要观点,解决人们所关心的问题。它包含新鲜观点和论据,让人们以新的方式思考问题。它聚焦于那些对论述很重要、与陈述要点相联系的观点。总之,它包含着既有用又重要的内容。
- **令人信服**。令人信服的论述重要,有逻辑,有充分根据。在写作中,关于为什么读者会喜欢,需要许多不同层次上的理由。学生们需要提供证据,比如数据和来源,去支撑自己的观点,论证的逻辑需要非常清晰。在对话中,学生需要发现读者的背景,并解决他们最关心的问题。在为任何论点制定框架的过程中,学生们需要考虑读者如何看待这个世界,并强调它为什么对读者很重要,来发展这个论点。
- **有趣**。两个方面可以使一个论述有趣。首先,学生们必须引发听众和读者的注意,然后必须维持他们的兴趣。为了引起他们的注意力,学生们需要跟报纸和杂志文章所做的那样,从说明这些问题的新观点或故事开始,为即将发生的事情埋下伏笔,就跟小说中的悬念一样,能增加读者或听众的兴趣,把注意力停留在这个论点上,就正如故事、幽默和隐喻自始至终所做的那样。
- **可理解**。学生需要弄清读者的兴趣、需要和能力,使用一些他们熟悉的语言。和成人相比,孩子们需要的论据更简单。但解释一个读者从未遇过的观点,总是一个好的策略。专业作家运用短段落和短句子,因为这能使读者在阅读过程中频繁停下来,去确保自己理解。保持连贯,避免卷入不相关的问题非常关键。提供一个整体结构,预测该文本将如何展开,在结尾处摘要重述,能帮助读者或听众跟随这个论点,知道能获得什么。

- **能记住**。鼓动性的故事和隐喻,使论述有趣,也能帮助它们萦绕在读者脑中。但在使人记住某个论点的所有策略中,也许最重要的是提供一个能抓住该论述精髓并能容易储存在记忆中的模因(meme)或短语。这也包含一些图形,比如表格、图表、图画或动画,它们能帮助表征所涉及到的观点的基本要素。然而,过多的图形表征会使关键观点变得模糊。与逻辑和论述相比,故事或可视材料能更好地被人们记住,因此故事和图形能帮助确保记住这些内容。

劝说对于领导能力和人生成功非常重要。马塞拉·博奇(Marcela Borge)(Borge, Yan, Shimoda, & Toprani, in press; Jung & Borge, 2016)在其创立的设计俱乐部中,让中学生和其他学生合作,去设计自己选择的建筑物,比如一栋闹鬼的房子。在小组合作时,他们首先用铅笔和图纸画出自己的设计,然后制作自己设计的乐高模型,最后在我的世界(Minecraft)网站中在线创作一个他们设计的在线版本。在设计过程中,孩子们必须针对如何设计进行协商,每人负责哪件事情,如何把他们所有的观点整合进一个连贯的设计中。博奇及其同事帮助孩子们确定有关合作和弥合分歧的规范。有些孩子发展出对全班有用的观点后,她就让他们在全班进行展示。在这些协商和展示过程中,孩子们学会了如何劝说他人去采纳自己的观点,并实施这些观点。无论何时,只要人们需要交流和合作,劝说都是一个关键技能。

31 **有效协商**

几乎所有工作和家庭情境中的互动都需要协商。在学校中,每当学生合作从事项目时,就会出现协商。如果一所学校强调小组合作,它就在培养学生为世界中越来越常见的各种情况作好准备,在这个世界中,个体与许多来自不同背景和文化的其他人进行交互。

罗杰·费希尔(Roger Fisher)、威廉·尤里(William Ury)和布鲁斯·巴顿(Bruce Patton)(1991)在他们的《谈判力》(*Getting to Yes*)一书中,描述了一个协商的方法,这个方法比来自于相反立场的劝说更加有效,它以大量协商为特征。他们建议了一个包括四种策略的方法。我将简单描述每一个策略,并把它们与学生协商关联起来:

1. **将人们与问题分离开来。**在大多数协商中,与对方保持好的关系非常重要。这种关系经常与问题搅在一起,因此,如果一个人说"这个计划很乱",它可能被理解为对他人的批评,而不是被理解为有问题需要解决这样一个客观的论述。如果一个人把别人所说的话理解为批评,情感就会升级,就会削弱成功协商所需要的信任。当情感爆发以后,有帮助的做法是做出调解手势,比如让对方放心。如果指责对方"你说过你会做的",这就不会有任何帮助。目标是发展一种学生之间的关系,让他们一起合作解决问题,而不是把彼此当做对手。博奇和她的同事们在其设计俱乐部中,让孩子们习得礼貌规范,以便能促进协商。

2. **聚焦于兴趣而不是立场。**假定要两位学生设计一个计算机程序,教小孩子分数知识。一个想让玩家分发饼干,公平分发给不同数目的孩子。另一个想设计一个游戏,让玩家猜测两个分数的数值会落在从 0 到 2 的一个数轴的哪个地方。教师会建议学生如何通过公平分发饼干,让用户猜测分数在数轴上的位置,将两个观点都包含到程序中。正如费希尔等(Fisher et al.)(1991:40)指出的那样,协商的基本问题"不在于相互矛盾的立场,而在于双方的需求、愿望、关注和恐惧之间的冲突中"。为了找到最好的问题解决办法,人们需要满足这些兴趣。在相反的立场背后,人们总能发现一个备选方案,去满足双方的兴趣。

3. **找到对双方都有益的选择**。正如费希尔等(1991)指出,一位他们认识的有技巧的协商者把其成功归结为发明"对他的客户和对方都有好处的解决方案"(1991:56)。在许多协商中,所涉及的唯一创造性思维是各让一步。为了创造更多选择,费希尔等建议建立一个头脑风暴课堂,其重点是针对问题产生可能的解决方案。头脑风暴中的关键策略是在不评论的情况下生成各种选择。在一位辅助者的引导下,围着一块白板进行合作产生可能的选择,这是有帮助的。在头脑风暴之后,其目标是挑选可能性最大的观点,找到方法去改进这些观点,然后在协商中确定一个方法,去决定推进哪个选择。

4. **运用客观标准去解决分歧**。找到客观标准能带来友好解决分歧的方案。一个人该如何建立客观标准?例如,在上面描述的设计一个项目去教分数的例子中,设计者可以制定一份问卷调查表,去断定哪些活动想法对年轻孩子最有吸引力,让一位教师把问卷分发给一个班的学习分数的孩子。孩子们可以在一个五级量表上打分,来确定不同的活动在他们眼中的有趣程度。

目前,大多数学校都不会教孩子们协商技能,然而随着常规工作消失,工作场所需要人们合作完成公司目标,这些技能正变得更加重要。随着离婚率上升,家里也需要协商技能,去维系夫妻关系。前面描述的怀特和弗雷德里克森(1998)提出的社会角色能帮助学生练习协商技能。在教会学生协商技能,培养他们为进入成人世界作好准备方面,学校大有潜力可挖。

向所有学生教授新素养

理查德·哈尔弗森和我(Collins & Halverson, 2009)在《教育大变局:技术时代重新思考教育》一书中,认为教育中的很大部分正移出学校,而进入学习者能自由追求自己兴趣和目标的其他场所。学校需要找到一些方法去驾驭这些技术,不仅仅为那些正以创新方法运用技术的精英们的孩子,更是为了所有孩子,不论他们的背景如何。

这要求教育者将技术的创造性运用结合进素养教育中,比如说那些在同人小说站点、多玩家游戏、Scratch 社区、Globaloria 网络平台和数字青年网络中发现的创造性运用。学生需要创作并发布自己的作品,让他人去看到,去解释,去评论。他们需要辅导教师和其他人来指导自己如何改进作品,如何让自己的作品为观众所接受。这要求激进地重新思考我们如何教授素养,以便培养学生去应对数字世界的挑战。

第 3 章 培养自立能力

卡罗尔·德韦克(Carol Dweck)(2008)在她的《思维方式》(Mindset)一书中引用了一位 7 年级女孩的话:"我认为智力是一件你必须努力争取的东西……它不是自动给你的……大多数孩子,如果他们对答案没有把握,不会举手回答问题。但我经常举手,因为如果我错了,我的错误就会得到纠正。或者我会举手,然后说'这如何解决呢?',或者'这点我没有弄懂,你能帮我吗?'只需这样做,我就能提升我的智力"(2008:17)。

德韦克的书着重探讨持有固定智力思维方式和成长性思维方式的人们之间的差异。她发现,许多人,无论老幼,都相信智力在出生时就固定了,他们在生活中要做的是好好表现,不犯错误。因此,他们避免挑战,这样就不会失败。其他人,比如上面引用的 7 年级小孩,就有一种成长性思维。他们喜欢挑战,想变得更聪明。杰出社会学家本杰明·巴伯(Benjamin Barber)曾经说过:"我不把世界区分为强壮和弱小,成功和失败……我把世界分成学习者和非学习者"(转引自 Dweck,2008:16)。

具有策略性思维对于在今天的复杂世界中把握方向非常关键。正如那位 7 年级女孩所建议的那样,个体如果想变得有策略性,他们有很多技巧可以使用。提出问题和收集信息的策略有很多。有对将要做的事情进行计划，监控他们进步，反思在哪些方面可以做得更好的策略。在本章，我将列举一些值得学生学习的策略，以及最有效使用这些策略的心向。

计划、监控和反思是学习周期的基本要素，可以渗透我们所做的一切。当我们做非常复杂的事情时，成功往往取决于我们如何进行计划去着手处理任务，我们在执行任务的过程中如何监控自己的进步。反思对于未来更好完成相似事情很关键，因此当我们计划下一个活动时，我们需要回顾从做过的相似事情中所学会的东西。大多数人很少进行计划、监控和反思，因此他们不能从他们所做的事情中学到很多。要想具有策略性，个体必须更好意识到他们正在做的事情，以及他们能从所做的事情中学到什么。

我过去经常告诉我的学生们，"我在同一家研究公司工作了30年，但考虑到世界的变化方式，你们中没有一个人会这样。"公司现在正在被收购，导致频繁的重组和解雇。新技术正在扰乱旧的做事方式，摧毁报纸和书店这样的企业。自由撰稿正和出租车服务和大学教学之类的很多行业一样方兴未艾，它降低了成本，减少了工人的福利。这些干扰会使每一个人因为面对生活中的突然变化而处于危险之中。

随着社会朝所谓"零工经济"中更独立的生活和工作方向发展，人们必须变得更加自立。这些社会变化正在产生一个"超级一代"，这一代人经常充当管理自己生活的独立操作者。这可追溯到那个家庭独立运作，经常要由经济、天气和疾病摆布的农业社会。这种新的经济需要人们理解复杂的健康、金融和法律问题，以便做出明智的个人决定。另外，人们必须学会对自己的生活和决定进行自我控制。有很多证据表明，自我调节技能对于幸福、成功的生活非常重要。最近的研究已经表明，学会这些技能是可能的，但它们除了在课外活动中出现外，很少在学校里教授。它们需要在学校课程中占据中心位置。

对自我依靠不断增长的需求

在工业化之前的农业社会中，人们过着不安全的生活。他们的幸福面临着很多威胁。大火可能烧毁他们的房子或农舍建筑；疾病或事故可能剥夺他们的工作能力；风暴或害虫可能毁坏他们的庄稼；经济恐慌可能将他们的资产一扫而光。生活中有很多不确定性。幸运的人事业蒸蒸日上，变得富贵荣华，而大多数人只能尽其所能地活着。

在20世纪，发达世界会弄清如何减轻这些风险，为普通人提供更多安全感。人们在城镇和城市里找工作，使保护人民和他们财产的消防部门得到了发展。医生、医院和公共健康部门变得越来越善于治疗和预防疾病，治愈事故留下的伤口。政府在预防经济恐慌方面变得更加精明老练。许多政府部门开发了社会安全网络，以便在人们下岗或退休后提供保护，在疾病或灾害袭击时提供帮助。发达世界的人们已经习惯了在生活的跌宕起伏面前感到更加安全。

但技术过去带给我们的东西现在正被拿走。我们现在初步所见的迹象之一，在20世纪晚期的电影工业中曾普遍发生。过去电影制片商雇佣演员，给他们支付薪水，决定投拍什么电影，谁来执导，谁来主演。这些制片商负责雇佣和解雇事宜，以及所有影片的发行和宣传。他们负责一切事务。但随着演员和导演自身逐渐承担更多权利，制片商体系慢慢瓦解。他们把项目合并，雇佣他们喜欢的人去寻求合作，把完工的项目销售给制片商，制片商依然负责发行和宣传。

例如，在一个晚会上，著名演员伊桑·霍克（Ethan Hawke）遇见了一位曾经的音乐会钢琴师西摩·伯恩斯坦（Seymour Bernstein）。伯恩斯坦当时80多岁，因为舞台恐惧症在50岁就放弃了自己的演艺事业，当了一名教师兼作曲家。霍克告诉妻子，应该有人拍一部关于伯恩斯坦的电影，她说他就是最恰当的人选。于是霍克组织了一个团队，拍摄了电影《西摩简介》(*Seymour: An Introduction*)，电影表现了伯恩斯坦对音乐和教学的热爱，受到了高度评价。这是一部在旧的制片商体制下永远不可能拍出来的电影。

在计算机网络的驱动下，这种自由职业现在已遍布社会的每一个角落。人们短期雇佣其他人当司机或做家务活，跑腿，提供住宿。公司现在更喜欢雇佣自由职业者去完成某个特定项目，项目完成后，这些自由职业者就去忙其他事情。这种自由职业生活比带薪的安稳工作更具不确定性。自由职业者不得不取悦于雇主，去保住工作，他们必须更加自立。这种生活并不容易。作为超级一代中的一部分，人们不得不讲究策略去做到兴旺发达。

这种朝自由职业发展的趋势对于学生需要学习从而取得成功的内容提出了新要求。学生必须学会自立，这意味着他们要明白如何管理自己的健康和经济状况。他们必须理解法律，以及由此而涉及的权利和义务。他们必须学会讲究策略，控制冲动。他们必须学会如何取悦客户，和他们建立相互信任的关系。

关于维持健康的生活方式，学生应该了解什么？

在自由职业经济中，人们需要关爱自己的健康，才能保持生产力，因为他们不可能享受带薪病假。克里斯·克劳利（Chris Crowley）和亨利·洛奇（Henry S. Lodge）医生（2014）在他们所著的《明年更年轻》(*Younger*

Next Year)中写道：

> 大约70%的过早死亡和衰老都与生活方式有关。心脏病、中风、常见癌症、糖尿病、绝大多数摔倒、骨折和严重受伤以及更多的疾病，都主要是由我们的生活方式引起的。如果我们有意志力，50岁以上男性和女性所患疾病的大半都能清除掉。不是延缓，而是清除。这是一个切实可行的目标，但我们却未朝此前行。相反，我们将这些问题看作是衰老图景中的"正常"部分而隐藏了这些问题。

克劳利和洛奇认为，如果我们过的是一种日常坚持锻炼、营养均衡、情感有寄托，与"生活真实关联"的生活方式，我们就能更健康地活到80多岁或90多岁。这不仅仅是给老年人的配方。它是开给孩子、年轻人以及中老年人的配方。因为高压力、糟糕的饮食、冒险的行为和缺乏锻炼，我们对身体的伤害很早就开始了。当我们年轻时，我们经常感觉不到我们虐待自己身体带来的后果——但这些后果以后会在生活中出现。大多数人以后都不会意识到自己带来的这些问题。学生们如果想长大成人后过健康的生活，他们就必须学会如何更好地照料自己。

人们对如何维护自己的健康所知甚少，这很不明智。这是一个生死问题，然而人们却普遍显得无知。尽管学校会教一些对人们生活实际影响不大的生物、化学、地质学和物理等学科，但课程总体上忽视了健康。学生会修读一些单一的健康课程，但健康并没有深深嵌入学校课程。然而，健康是一门真正影响人们生活的科学。

减少健康问题的三个主要策略包括减少压力，每天积极锻炼，吃有营养的食物。学生们要想过健康的生活，在未来的生涯中蓬勃发展，就必须学会预防策略。

教学生减少压力

高压力是生理和心理健康问题的主要原因之一。许多事件可以带给人们压力,比如龙卷风或洪水,或失业等不太多发的事件。但日常生活中有更多常见的压力,如与很难相处的人打交道,应对经济问题或经常面临截止期限。这些日常事件经常引起慢性压力,时间一长,这种压力就会造成各种健康问题,如高血压、心率失常、心脏病、中风、癌症、关节炎、疲劳、焦虑、抑郁、不育、哮喘和免疫系统抑制(Graham,Christian,& Kiecolt-Glaser,2006)。学生们应该调查压力引发的后果,以及他们如何应对自己生活中的压力。

学生生活中的很多压力来自社会压力和学校中各种学业任务的截止期限。社会压力由于数字世界中 Facebook 上"点赞"的需要以及匿名欺凌而进一步加剧。学生们需要在这一阶段学习如何应对压力,如何把这些策略用于未来生活。

史蒂文·西纳特拉(Stephen Sinatra)和詹姆斯·罗伯茨(James Roberts)医生(2007)在他们的书籍《现在可以逆转心脏病了》(*Reverse Heart Disease Now*)中,归纳了各种成年人用于减少压力的策略,这些技巧可以进行调整以适用于年轻人。和压力作斗争经常要求生活方式上的急剧变化。西纳特拉和罗伯茨强调的第一点,就是压力不是发生在个体身上的事情,而是人们如何对所发生的事情做出反应。平静理性地理解事情而不是从情感上感到恐惧是治疗慢性压力的第一步。旧金山一位教师在其高中的健康课上,教授了减少压力的三个策略:深呼吸、想象一个令人感到放松的地方以及渐渐放松(Pepper,2012)。

西纳特拉和罗伯茨(2007)也推荐通过冥想来减少压力。已有证据表明，冥想能有效减少压力，降低高血压，延长寿命。冥想是瑜伽的一部分，强调锻炼和深呼吸。2007年，旧金山一所犯罪高发地区的中学在学校每天开始和结束时引入了12分钟的冥想课程(Pepper，2012)。当时学生们生活压力很大，社区内出现了很多自杀情况。这个干预使学生逃学率和留级率减少了一半。在引入了冥想的学校，学生表现出了正面的效果，比如压力减少、学业成绩提高、注意力更加集中、抑郁和焦虑降低、毒品成瘾减少和更好的行为(tmhome.com/benefits/10-benefits-of-meditation-for-students/)。

西纳特拉和罗伯茨(2007)引用了美国心脏联合会的观点，提出了很多减少压力的建议：

- 就你的压力与信任的朋友和顾问交流，寻求支持。
- 对你改变不了的事情要学会接受。
- 在你生气的时候，做出回应之前先数到十。
- 不要用抽烟、饮酒、过度饮食、毒品和咖啡因去应对压力。它们会使事情变得更糟。
- 在各种情况下，看到好的方面而不是坏的方面。
- 有规律地锻炼，做一些你喜欢的事情。
- 成为一个动物关爱者，因为养宠物的人就医频率更低，血压更低。
- 提前预见有可能让你感到不安的事情并回避它，比如那些干扰你的人。
- 为问题规划有效的解决方案，在为家人所做的事情方面设立清晰的界限。
- 学会拒绝。不要承诺太多，让自己有足够时间去完成事情。
- 加入一个由你认同的人所组成的支持小组。(2007：197—198)

学生们可以调查这些策略如何帮助减少压力，制定在生活中使用这些策略的行动计划。他们也需要研究压力如何影响身体，参与一些能找到压力诱因的项目。上学的头几年，健康是一个中心焦点。教师需要发展一种尊重不同学生贡献的协作文化，学生以小组形式合作在截止期限之前完成任务。在这种项目文化中，教师能指导学生发展减少压力的学习习惯和做法，比如冥想。

鼓励学生定期锻炼

在一个充满视频游戏、学校减少身体活动而更注重准备考试的世界中，学生得到的锻炼越来越少。这会导致健康恶化和更多肥胖。正如克劳利和洛奇所说，人类是在一个经常为生活而奔忙、避开捕食动物和追逐游戏去寻找足够食物的世界中进化的。在发达国家中，我们几乎不需任何劳累就可以避开捕食动物，得到足够食物。克劳利和洛奇说道："这可以说是世界运作方式中最深远的转变……我们的思想不知道如何'阅读'没有危险、不需要捕猎和采集的状况——闲暇。我们变得软弱无比……我们的生活方式是一种比癌症、战争或瘟疫更致命的疾病。因为现代医学，我们活得更长，但我们中许多人却生活得很悲惨，许多人本来应该活得更久却过早死亡"（2014：46）。这个现代问题很大一部分因为久坐而不是围绕草地和森林运动引起的。如果人们想过长久健康的生活，他们就必须不停地运动。他们需要知道定期运动的重要性。

为了保持健康，身体必须不停地用新细胞代替旧细胞，因为旧细胞会得癌症。锻炼帮助摧毁旧细胞，培养新细胞。它释放能引发炎症袭击那些将死细胞的荷尔蒙和其他帮助建设新细胞的荷尔蒙。慢性压力会引发炎症，杀死细胞，而不提供发展新细胞的荷尔蒙。在成年人中，像上下班、事情截止期限、经济问题、孤单和太多酒精,都会引发炎症,而不是细胞更新。正如克劳利和洛奇所说,锻炼是积极的脑部化学反应、健康的免疫系统、更好的睡眠、体重减轻和胰岛素调节的基础,能抵制心脏病、中风、癌症、阿尔兹海默症、关节炎、糖尿病和抑郁。锻炼是一副"灵丹妙药",一种神奇的长生不老药。

心脏病是发达世界中死亡的首要原因。绝大多数成人都有心脏病,尽管许多人不知道这一点。克劳利和洛奇宣称说,"富有活力的锻炼,真的能把死于心脏病的危险减少一半"(2014:75)。年轻人所吃的奶酪、黄油、糖、红肉和薯条中所含的胆固醇造成动脉阻塞。随着阻塞不断发展,它就会松动,进入通向心脏或大脑的小动脉——这是心脏病或中风的机制。锻炼会建立心血管,修复损毁的旧血管,从而能抵制这种情形。要想预防心脏病,学生们必须改变他们的膳食,进行更多锻炼。

随着人们寿命越来越长,阿尔兹海默症影响越来越多的人——有些研究者认为,85岁以上的老人中,有一半人深受其害("Dementia",2015)。阿尔兹海默症极大提升了健康治疗成本。学生们需要认识到,身体锻炼是预防和治疗阿尔兹海默症的最有效方法。对人类的研究表明,锻炼能减少大脑中的纤维斑块。研究表明,经常锻炼的老鼠要比那些不锻炼的老鼠大脑中的纤维斑块少50%到80%(Lippert,2009)。也有迹象表明,受过更多教育,思维更活跃,学习更多新东西的人,患阿尔兹海默症的可能性更小。学生们学一点关于预防阿尔兹海默症的任何措施都是相当有用的。

有氧运动对锻炼提供的绝大多数健康好处都至关重要。学生们能通过有活力的散步、跑步、游泳、骑自行车、滑冰、跳绳和定期参与篮球或网球之类的许多体育活动,来得到有氧练习。应该鼓励他们选择一项自己喜欢的活动,否则他们就不会定期坚持。克劳利和洛奇认为,锻炼的"甜蜜点"是每天45分钟。他们建议每周4至5天的有氧操和2至3天的力量和平衡锻炼。

公共健康官员建议学校每天安排半小时的锻炼,但大多数州不要求学校这样做,因此学校一直在削减锻炼项目,以提高考试分数(Park,2016)。研究表明,让学生在学校里积极参与锻炼,考试分数不会减少,有时还会改进分数(Basch,2011)。学校需要让所有学生,尤其是女孩和少数族裔孩子,每天积极参与45分钟的锻炼。它会帮助改善健康状况,帮助他们看见锻炼的积极效果。

教学生吃有营养的食物

肥胖变成了美国的一个主要问题,因为许多年轻人和家庭膳食结构不健康。肥胖导致糖尿病和心脏病,会减少美国人的寿命。反肥胖是一个主要问题,因为肥胖榨干了本已非常拮据的健康医疗费用。这是一个越来越严重的问题,因为我们吃更多的快餐食品,花更多时间看电视和手机,锻炼时间更少(National Heart,Lung,and Blood Institute,2012)。前第一夫人米歇尔·奥巴马带头努力,让学校解决儿童肥胖问题,采取措施逆转在美国扎根已久的导致糟糕健康的趋势(www.letsmove.gov/about)。

关于健康饮食,学生需要知道的事情可以很简单地说清楚(Pollan,2009):多吃蔬菜、水果和富含纤维的食物。不要吃太多精制淀粉、糖类食品和饮料、饱和脂肪、盐、红肉和加工食品。当然,食品工业中很大一部分企业正试图把对健康有害的食品卖给人们。更糟糕的是,大多数人认为,许多不健康的食品,比如甜甜圈、肉饼、薯条、冰激凌和苏打,味道都很好。这些产品的制造商知道如何利用他们的优势,他们不会轻易放弃。

健康科学应该成为学校教育的中心主题。例如,学生可能会进行一些有关锻炼如何影响身体各个系统、碳水化合物如何影响体重、为什么膳食指南这些年会发生改变等相关调查。他们也可以应对其他学生面对的关键问题，比如怀孕、预防自杀和上瘾（包括赌博、视频游戏、毒品和酒精上瘾）。把学生注意力聚焦于调查健康问题，会帮助他们更深刻地理解压力、锻炼和膳食如何影响他们的健康。和传统健康课堂要学生囫囵吞枣地吞下健康指南中描述的步骤相比，这些调查对学生的影响要大得多。

关于金融和法律问题，学生应该了解什么？

在零工经济中，人们作为自由职业者与他们谋生所需培养的客户打交道时，需要理解他们将要面对的财务和法律问题。随着问题出现，他们要做出关键的财务决定，比如买哪种健康保险，如何省钱，如何为退休投资，当客户不能支付账单时如何应对。学生需要发展技能去应对这些问题，以便能更好地依靠自我。做出明智的财务和法律决定对于一位自由职业者的生存非常重要。

财务

学生们需要学会的第一件事是培养从不同来源搜集信息的习惯。这包括听电视和电台中的经济新闻，阅读经济类出版物，与知识丰富的朋友谈话。发展财务智慧需要很多努力。

财务智慧也需要计划。学生需要学习如何调查问题。比如，在股票、债券或房地产中，哪一块投资能为未来赚取更多收入呢？哪些保险必须买，在不同情况下买哪些更划算？一个人需要存多少钱才能应对失业这样的可能挫折？绝大多数人都不喜欢做很多计划，更喜欢让事情自然发展。对于日常生活这也许未尝不可,但谈到财务问题,计划是很重要的。

学生需要学会如何应对财务状况中的挫折。伊丽莎白·沃伦（Elizabeth Warren）和阿梅莉娅·沃伦·泰吉（Amelia Warren Tyagi）（2003）对美国中产阶级走向破产的原因进行了研究。他们发现,破产经常是由失业或巨大的医疗花费引起的。美国人一直有钱就花,遇到重大情况时可以仰仗的储蓄太少。有时候他们会负债买房,只是因为孩子可上很好的社区对口学校。有时候他们买豪华汽车,结果要花很长时间才能还清贷款。在2008年经济危机之前,美国的个人债务达到历史新高,储蓄率下降到零或以下。这种生活方式是不可持续的。自从经济衰退以来,美国人又开始了储蓄,但比例要比信用卡发明之前更低。

如果人们能每个月还清款项,使用信用卡当然没有问题,但该产业试图吸引人们去积累更多债务,鼓励他们每个月以最低费用还款,而这几乎不可能减少人们的欠款。手头拮据的人把这个费用看成他们每月必须要付的数额。与此同时,在低成本的初始优惠利率过期后,金融业会收取很高的利率。今天大多数信用卡债务和贷款的利率要是放在过去都算得上是高利率。如果人们将自己的债务限制在固定利率抵押贷款和汽车贷款上,情况会更好。

关于"沉没成本"（sunk costs）,经济学家有一个基本原则。通俗地说,就是"想捞回损失反而损失更多"。这个原则不仅仅适用于金钱,也适用于其他事情,如时间和努力。这个原则说的是,当你继续努力时,你应该时刻权衡,预期的未来回报是否比预期的未来成本更大。如果预期的成本超过回报,你就应该放弃这个努力。当人们已经在某事上投入金钱和努力以后,这一点很难做到。在放弃任何努力时,都会伴随一些精神上的成本,在某些情况下,甚至还有真正的社会成本。然而,考虑到人们浪费大量金钱和努力去做一些不可能做到的事情,还是应该尽可能地遵循这个原则。

有很多项目教学生财务素养(www.edutopia.org/financial-literacy-resources-guide)。有一些小学和当地银行或信用社合作,每周一次到学校,让孩子们把钱存到储蓄账户中。学生们学会为更长远的目标进行储蓄,学会存款单、利息的基本知识,以及如何随着时间积累金钱。学生们学习规划和思考储蓄目标,比如他们上大学需要多少钱。在一个中学项目中,计算机科学、艺术和技术教师,在当地糖果公司的帮助下,让孩子们在2周内创建自己的糖果公司。这意味着学习如何设计巧克力条,为其设计模板,灌注巧克力,设计公司标识,制定一个商业计划,制作公司商务卡,最后设计一个30秒的视频广告去销售自己的巧克力条。

一个高中项目帮助学生思考如何购买一栋房子。他们通过仁人家园(Habitat for Humanity)项目帮助学校的一位毕业生建造他的第一栋房子,听取他如何筹集资金。然后他们研究如何在租房和买房之间进行权衡,以及如何购买房子,包括好的信用积分和首付款。他们预测自己在心仪职业中的收入,与银行的信用官员商谈该如何根据自己的收入筹集购房资金。

另外一所学校让高年级学生关于筹集大学学费准备一些短视频,然后学生们一起评估该视频展示的可行性和质量。让学生们参与真实的财务问题,能帮助他们将所学的东西与他们踏入世界后将要面对的问题关联起来。

做出明智的财务和经济决定非常困难,对生活中的成功非常重要。这不是一件人们可以转移给财务顾问的事情。这些顾问能提供帮助,但要想成功,人们需要为自己的财务决策担负责任。学生们可以为自己参与的学校项目编制预算,追踪成本和收入情况,从而了解财务问题。让我们所有的公民都理解经济学和金融学,这很关键。但我们学校很少关注这些话题,这从公众关于经济问题的话语水平就可看出。让我们的学生在金融和经济学方面更精明,这是很重要的。

法律

要想在零工经济中管理生活,学生们需要了解他们的法律权利和责任。法律体系很复杂,学生们需要知道何时去寻求法律咨询。让学生们了解一些日常生活中可能出现的基本法律情况,如合同、侵权、逮捕、离婚和欺凌等,非常重要。在本节,我将讨论学生了解法律体系的一些方式。

当我们买房子、加入 Facebook、雇佣管道工或看医生时,我们都要签订合同。一些合同是书面的,比如贷款或 Facebook 协议;其他合同是口头的,比如和管道工的合同;还有一些是隐含的,比如和医生之间的合同。合同涉及到一些交换承诺,比如通过某项服务换钱或按钱发货。人们秉持着一种假设,就是这种交换具有法律约束力,尽管这对未成年人和精神病人是无效的。绝大多数人不会读书面合同,比如与 Facebook 之间的合同,但一旦人们签订合同后,这些合同依然具有法律约束力。

如果学生变成自由职业者,他们很可能会遇见侵权案例。侵权案例是人们因为在某个交易中遭到损失而提起诉讼。在一桩著名的侵权案中,得克萨斯州一位妇女起诉麦当劳,因为她把咖啡泼在自己身上遭受了严重烫伤(en.Wikipedia.org/wiki/McDonald%27s_coffee_case)。她的理由是,当时的咖啡要比别家餐馆提供的咖啡热得多,因而本质上很危险。陪审团同意赔给她 286 万美元,包括惩罚性损坏赔偿,尽管法官后来把这个数额减少到了 64 万美元。后来麦当劳对裁决提出上诉,这桩官司最终在庭外得到解决。学生们可以研究各种各样的侵权案,看是哪些因素决定了结果,并参与模拟审判,判决学生在他们生活中很可能遇到的各种问题的一些困难案例。(教师可以在 teachingcivics.org/lesson/mini-mock-trials 中找到审判样例。)

学生们也应该了解刑法。模拟案件和审判是教学生一些刑法司法体系知识的好方法。为学校开发的一个案例是一位19岁的司机转弯时撞上了一位年轻的自行车骑行者,他在人行道上非法骑车,突然冲向人行横道(teachingcivics.org/wordpress/wp-content/uploads/2013/06/State-v.-Max-Paulson-Mock-Trial.pdf)。司机没有看到骑车人过来,但被指控鲁莽驾驶。骑车人在事故中断了一条腿。这类案件鲜活呈现了学生可能会遇见的各种法律问题,强迫他们经历一桩困难案件的各个步骤。

随着离婚率的上升,学生们也应该了解美国离婚法律的基本知识。绝大部分离婚案件的法律纠纷都围绕着赡养费和与孩子相关的法律问题。孩子的抚养权大多判给母亲,父亲享有探视权。最近,抚养权被判给父母双方的情形越来越普遍,特别是当友好离婚的时候。学生们应该研究美国不同的州如何处理离婚案件,分析不同方法的利弊。

近年来,欺凌成为更严重的问题,因为社交媒体能把语言和身体上的虐待曝光在更广泛的观众面前。有时候这还包括通过因特网传播涉性材料,这对于个人有毁灭性的社会后果。埃米莉·贝兹伦(Emily Bazelon)(2013)在其专著《棍子与石头》中针对将孩童欺凌视为犯罪的做法提出了警告,因为这有伤害犯错误孩子的风险。与此同时,她认为社会应该努力创造一种强大的反欺凌文化。社交媒体的广泛使用,使欺凌成为今天年轻人中的首要问题。如果能让一些不认识涉事双方的更大些的学生帮助公正地解决一些校园欺凌案件,这是很有好处的。

学生们需要了解一些他们可能会遇见的法律基本知识。高年级学生可以调查一些制度性种族主义和逮捕的一些问题,因为这经常是搅动现代经济的大多数争议的中心问题,特别是那些与种族融合和移民相关的问题。

46 通过研究不同情境中的公平和正义问题,学生们会逐渐领略到法律用于社会的一些程序和细微之处,理想情况下他们能成为对改进法律程序感兴趣的有见识的公民。

关于策略和自我管理,学生应该了解什么?

要想在零工经济中生存,学生们必须学会如何在复杂的世界中讲究策略。这包括与他人打交道,管理自己的冲动,计划和监控他们的行为,反思他们如何做得更好,适应自己所处的环境。要想学会这些策略技能,他们必须从事一些要求他们进行策略性思考、适应新挑战和机会的项目。这种被称为"执行功能"的心理学知识,在他们的成人生活中会产生巨大的红利(Mischel,2014)。

在和别人打交道时讲究策略

在社交中,在和那些与自己目标不同的人打交道时,讲一点策略是必要的。不幸的是,学校不会教很多与世界协商时如何讲究策略的知识。随着世界变得越来越复杂,在不同情况下该怎么办,弄清楚这一点变得更加困难。我会呈现几条关键策略。

不能很好协商的一个有说服力的故事,涉及 1800 年代两位顶尖的美国科学家,他们当时都在寻找化石(www.pbs.org/wgbh/americanexperience/features/biography/dinosaur-rivalry)。其中一位名叫马奇(O. C. Marsh),是耶鲁大学的教授,另一位叫爱德华·科普(Edward Cope),在费城自然历史博物馆工作。马奇想控制美国的化石收集。科普曾告知马奇一片富含化石的地点,结果马奇安排人把所有找到的化石都拉回自己的住所,科普觉得自己的信任遭到了背叛。后来，两个人都在西部寻找恐龙骨骼化石，展开了激烈竞争。他们最终毁掉了对方，在晚年时都遗失了很多自己珍爱的化石。两个人如果能好好协商，找到一个互不侵犯对方利益的寻找化石的方法，情况会好得多。毕竟，美国是如此大的一个国家，化石很多。

能看得到你周围发生的事情，这种能力被称为"情况意识"。这是一种每个人都要培养的心向。学生们应该注意自己交往的所有人的意图和目标。这就要求询问其他人，他们要实现什么目标，并从他们的回答中读出弦外之意。人们往往不是很清楚对方的套路或他们为什么做他们在做的事情。如果一个人生气，或做一些伤害别人的举动，此时一个好的策略是不从个人化的角度理解他们的行为。很可能这个人只是情绪不好，或者没意识到他们的行为会有如此负面的后果。与科普和马奇那样相互进行报复相比，关于这个问题进行协商是一个明智得多的策略。当然，协商也不一定有用，但总该先试一试。

与那些有权力或在某方面构成某种威胁的人打交道，很明显是很棘手的一个问题。但教会学生这样做的技能很关键。例如，在不损害自己价值观和目标的前提下，帮助有权力的人实现他们的目标，是一种很讲策略的做法。如果你自己的价值观因为某种方式被损害，最好马上走开。检举揭发是值得的，但一定要安全地置身于对方的力量之外。当年马奇算计科普时，如果科普放弃搜寻化石，他就能击败马奇。

当卷入这种斗争时，重要的是不要冲动或情绪化地行事。学生们需要学会找到应对这种情形的最好策略。与处于同样情况下的他人结成联盟，常常是应对一个更强大的人最有效的策略。但最重要的是，个体必须保持公正合理的名声。

最近几年，越来越多证据表明，为了和他人打交道，我们的大脑得到了发展。学校几乎不会教如何做到这一点,因此大多数人必须自己学会这些技巧。正如第2章所描述的,芭芭拉·怀特和约翰·弗雷德里克森(2005)要学生在合作完成项目时承担不同的角色,从而教给他们与别人相处的有效策略。同样,马塞拉·博奇(Marcela Borge)及其同事们(出版中)在他们的设计俱乐部中教给学生许多与他人合作时所需的策略,从而让学生发展出很多与他人互动时的规范。如果学生被教会或找到一位导师去帮他们学会与他人关联的策略,他们在生活中会更加成功。

提高学生的自控能力

教学生去发展自我管理技能对于与他人一起生活和工作非常重要。学生们应该研究自控的长期好处,并在学校里从事项目时练习自控策略。心理学家爱德华·迪纳(Ed Diener)及其儿子罗伯特(Robert)(Diener & Biswas-Diener, 2008)认为,调节负面情绪是自控的一个重要方面:"对有些人而言,愤怒让人兴奋,他们可以学会依靠他们生活中的负面情感戏剧来维持生活;对其他人而言,自我同情可以充当一张毯子,一张个体把自己包裹起来寻求一种不正当安全感的毯子"(2008:23)。

杰出心理学家马丁·塞利格曼(Martin Seligman)(1994)描述了愤怒如何摧毁人们的个人关系和工作关系,引发孩子们的抑郁。他批驳了发泄愤怒比压制愤怒更健康这种观点。他描述了通过抑制愤怒反应的三个关键方面——思维、感情和行动——来控制愤怒的办法。他建议,数到10能给一个人时间去通过思考重新理解所发生的一切,"也许是他忍不住了,"或"没有必要去把这事看得太个人化"。这段增加的时间也能让一个人说:"我的肌肉很紧张,放松点",从而意识到自己的情绪。最后,他建议发展一些好的话语去缓和这些情况,比如"孩子,你今天一定过得不容易"或"哎,我当时真蠢。"他详细说明了各种方法,去控制各种使得与他人一起生活和工作非常困难的负面情绪。

学生可以培养的最关键的自我调节技能之一是控制冲动。在20世纪60年代晚期针对4岁小孩进行的一个著名实验中,沃尔特·米舍尔(Walter Mischel)[1](2014)答应马上给一群孩子一个棉花糖,或者如果在他离开15分钟去做别的事情时,他们能先等着,不吃放在他们面前的棉花糖,等他回来,他们就可以得到两个棉花糖。只有大约30%的孩子能等足够长时间去得到第二个棉花糖。米歇尔后来发现,那些4岁时能延迟享受的孩子后来比别人过着更成功的生活。他们更受同伴和老师的欢迎,挣更高的薪水,体重指数更低,吸毒情况更少。米歇尔后来这样概括两种人之间的差异:"如果你能应对炽热的情感,那么你就能为高考去学习,而不是去看电视。你可以为退休省更多钱。这可不仅仅是关于棉花糖的事"(转引自 Lehrer,2009)。

在该任务中成功的孩子会设法分散自己的注意力,比如在桌子下面玩游戏,这样他们就不会看见棉花糖。米歇尔发现,他可以教孩子们一些策略,将注意力从诱惑面前分散或远离诱惑,从而成功地控制冲动。他现在正和同事们合作,教给孩子们一些他们可以终身使用的自我控制策略。他教孩子们辨认引发情感反应的具体情况,以及应对这些情况的"如果—那么"策略。如他所说,"一旦你意识到意志力就是学习如何控制你的注意力和思想,那么你就可以真正开始去强化它"(转引自 Konnikova,2014)。

罗伊·鲍迈斯特(Roy Baumeister)和约翰·蒂尔尼(John Tierney)

---

[1] 沃尔特·米歇尔(Walter Mischel),生于1930年,是英国人格心理学家,在人格的结构、过程和发展,自我控制以及人格差异等领域的研究十分著名,被称为"棉花糖实验之父",1982年获美国心理学会颁发的杰出科学贡献奖。不幸的是,他于2018年9月去世。——译者注

(2011)在他们最近出版的《意志力》(*Willpower*)这本书中,描述了鲍迈斯特30多年来对自控的研究。正如鲍迈斯特和蒂尔尼所言,"自我调节失败是我们时代的主要病理学"(2011:11)。他们给出证据,证明它导致高离婚率、家庭暴力、犯罪和其他各种问题。鲍迈斯特的研究发现,在白天,随着我们变得更饥饿,用尽我们的力量去抵制诱惑时,意志力会减退。

事实表明,自控措施是大学平均绩点分(GPA)的一个好的预测指标,事实上比智商(IQ)或高考分数这两项预测指标更好。在工作场所,自控力高的人们比他们的同龄人和下属得分更高。他们在强调和考虑他人的观点这方面做得更好,不太可能有精神问题,不太可能生气或富有侵犯性。这使他们在生活中更有成效。

如鲍迈斯特和蒂尔尼(2011)所指出的,当我们被闪亮的货物和美味的食品带来的快乐包围时,生活中的诱惑会变得更强烈。但他们很乐观地相信,人们能学会更好地应对这些诱惑。学生们需要学会安排他们的生活,这样他们就不会遇到这么多的诱惑,就像那些钻到桌子下面不会看到棉花糖的孩子们一样。如果你不上家庭购物网络,你就不会耗尽自控力去抵制你不需要的物品。这是有关如何得到意志力带来的好处的一个隐喻。

为了在截止期限之前完成任务,学生们需要学会如何避免分散注意力,集中注意力去完成任务。在和其他学生共同完成项目时,有时对于如何进展持有不同意见,他们需要学会控制自己的情感。创造提供协作性工作环境的学校,能教会对成功生活很关键的自我调节的许多方面。

计划、监控和反思

要想在生活中保持策略性,学生需要学会在学习上讲究策略。计划、监控和反思对于改进如何做各种事情,如解决问题、弹钢琴,都很关键。计划要思考在相似情况下起作用的一些教训,以及如何把这些教训用于各种新情况。监控要观察一个人的计划是否运作良好,纠正出现的任何问题。反思涉及到如何回顾过去,去断定哪些方面可以做得更好,思考一个人应该如何努力改进哪些技能和策略。

德怀特·艾森豪威尔(Dwight Eisenhower)总统于二战期间在欧洲领导盟军,曾花费很多时间计划如何打败德国人。他提出了一个著名的论述:"计划没有任何价值,但计划就是一切"(1957)。军事计划者会在计划展开过程中不断遇到新的障碍和问题,因此他们要不停改变他们的计划。计划也许是个开端,但要想成功,一个人必须不停地修改计划去适应环境。因此,正是计划中的适应性才赢得了战争和生活。

心理学家卡罗尔·德韦克(Carol Dweck)(2008)讲了一个故事,有关一位申请研究生院但没有被录取的学生。为了鼓励成长性思维,她要这位学生思考她该做什么才能改进她在未来的机会。他们一起制定一个计划,给研究生院一位教授打电话,问这位学生本来应该如何做才能使她的申请更成功。尽管这位学生有点害怕,但她还是执行了这个计划,给教授打电话,解释说她不是对学校决定提出异议。两天以后,教授因为对她的策略和兴趣印象深刻,回复电话,将这位学生录取到了他的这个项目。

并不是所有的计划都如此成功,但德韦克(2008)强调说,制定"生动、具体的计划"对人们任何努力的成功都很关键。对学生来说,有可能是完成任务,得到更多锻炼,或与朋友一起讨论困难的问题。德韦克建议要解决三个问题:

1. 你将**何时**完成你的计划?
2. 你到**哪里**执行计划?

3. 你会**如何**执行计划？（p.228）

  德韦克(2008)认为，这些问题需要详细解决，因为它们能极大改进后续行动和成功的机会。学生们不仅需要一个计划，他们还需要构想如何具体执行这个计划。例如，如果他们要减肥，他们应该将糖和垃圾食品移出他们的房子和生活，这样他们就不会受到诱惑去吃这些东西。他们需要制定一个锻炼计划，也许是去体操馆，或早起去散步或跑步。这必须是他们喜欢的东西！参加一个团队或与一群人去锻炼，能帮助确保他们完成这个计划。正如德韦克所建议的，精确制定计划能帮助后续行动。学生需要运用各种可能的策略去确保他们的计划成功。

  大多数人在开始一个任务之后，只是不停地做他们一开始就做的事情，而不问自己进展如何，是否真正朝自己的目标取得了进步。数学教授艾伦·舍恩菲尔德（Alan Schoenfeld）(1985)教了一门课程，要学生小组合作去解决困难的数学问题。他最开始时发现，这些小组会选择一个策略，然后使用它，但完全不监控自己的进步。有时候他们只是苦苦挣扎着，一步接一步地尝试，没有任何进展。他决定轮流问学生三个问题，确保他们在监控自己的学习："你想做什么？你为什么要这样做？它如何帮助你解决问题？"解决这些问题强迫学生清晰说出他们所做事情的原因，帮助他们学会在未来问自己这些问题。这种自我监控是极宝贵的。

  舍恩菲尔德(1985)认为，用于做出行政决策的几个控制策略对问题解决非常关键。这包括生成备选的几条行动路线，评估哪条路线最可能成功，哪些最可能被执行，考虑哪些启发式策略适用。启发式策略是解决问题的经验法则，它们有帮助但不一定保证能起作用，比如把一个问题分解成小问题或简化假设。学生们被教会在解决问题时，特别是每当她们在进展中遇到问题时使用控制策略。

弄清如何以不同方式工作，对他们在未来改进工作至关重要。如果学校要交计划、监控和反思，它们就必须让学生参与实质性的任务，好从这些努力中受益。学生们需要应对他们感兴趣的问题，完成项目和调查，为产生的成果进行辩护，并为之感到自豪。当他们完成项目时，学生需要撰写日志，针对他们遇到的问题、如何应对这些问题、他们学到了什么以及未来他们如何更好合作等方面进行反思(Kolodner et al.，2003；White & Frederiksen，2005)。

变得更加具有适应性

让学生讲究策略的最终目标是让他们适应生活中的任何问题。波多野谊余夫(Giyoo Hatano)和稻垣杏子(Kayoko Inagaki)(1986)首先区分了那些根据传统经典技术专业地制作寿司产品的厨师和那些掌握了经典寿司制作技术还能继续发明自己新技术的厨师，从而引出了常规专长和适应性专长的区别。因为今天世界变得更快，年轻人学会变得更加具有适应性去应对新挑战和机会，变得比以往更加重要。要想有效做到这一点，学生们需要学会辨认周围环境中人们所思考的东西，他们所追求的目标以及出现的障碍和机会。这要求学生持续监控任何变化情况，或有关周围所发生事情的新观点。

约翰·布兰斯福德(John Bransford)及其同事(Bransford，Brown，& Cocking，2000)指出，适应性专长的一个重要组成部分来自于问题是如何形成的。他们讲了一个故事，西红柿种植者要工程师设计一台不会擦伤西红柿表皮的自动收割机。多次尝试，未能成功，后来生物学家通过种植表皮更厚的西红柿解决了这个问题，这是对这个问题的一种创造性的重构。针对某个问题采纳不同的视角经常能生成备选的问题解决方案。问一下某个问题可以如何以不同方式去设定,总是值得的。

布兰斯福德及其同事(2000)认为,收集信息对于理解某种情况并产生新的解决方案是很重要的。大多数人都倾向于先行动再思考。他们经常不太清楚到底有哪些东西是他们不知道的——用前国防部长唐纳德·拉姆斯菲尔德(Donald Rumsfeld)关于战争的一个贴切的短语来说是"未知的未知"。学生们应该被教会去追踪现状背后的原因,以便能最好地设定这个问题,找到新的解决方案。例如,如果他们在研究计算机游戏成瘾问题,他们有可能研究游戏设计者为阻止玩家离开去做其他事情而采用的一些伎俩,以及用来治疗成瘾者的一些方法。这涉及到质疑假设,找到信息来源,帮助他们更有效地思考这个问题。

广泛的证据表明,当我们努力争取去理解事情时,我们学得最好(Kapur,2008;Kapur & Bielaczyc,2011;Stigler & Hiebert,1999)。教师们知道,将新课与学生们过去的经历和结构联系起来是值得的。一个有效的学习策略是比较对比性案例,比如那些有成效的学习小组与那些不太有成效的学习小组之间的差别(Bransford,Franks,Vye,& Sherwood,1989)。不同案例之间的区别凸显了学习者在理解新问题或新情况时应该注意的一些关键特征。这是科学家建构自己理论的方式。为了让孩子们发展一种成长性思维模式,德韦克(2008)教给他们,在观点之间挣扎能帮助在大脑中建立新的联系。如果我们愿意付出努力去理解世界,我们就能使自己更加聪明。如果我们不付出努力,我们就不能适应新情况。

学生们能做很多事情去使自己更聪明更具有策略性——成为适应性思考者。他们需要发展一种成长性思维,需要计划、监控和反思他们所作的事情,需要考虑多种观点,以形成问题,发展局面意识。几乎有无穷无尽的策略来帮助实现所有这些目标。有效策略对于发展适应性专长是很重要的，但除非学生参与到他们所认为的有意义活动中，否则这些有效策略永远得不到发展。

朝培养自我依靠的学校教育迈进

管理健康、金融和法律问题对于在不断变化的经济中生存至关重要，但K-12学校教育几乎没有触及这些主题。成为能适应周围发生的各种混乱情况的策略性思考者和学习者，是应对复杂的、不停变化的社会的唯一方法。自我依靠是新经济中的唯一保护。问一问你自己，学校是否在培养学生为这个新世界作好准备。学校是否在强调策略性思考？它们在教一些有关金融的有效理解吗？它们是否强调适应变化？他们在帮助学生学会如何保持健康和预防疾病吗？这些问题的答案总体上都是否定的。这些问题，研究已经揭示了很多，但这些知识中绝大多数都没有经过过滤进入到非常拥挤的课程中。

如果学校能让学生完成实质性的学习任务，它们就能教会学生自我依靠。学生们被要求研究和发展社会中一些主要问题的解决方案。理想情况下，学生们能明白这些是他们进入真实世界后很可能面对的问题。因此，他们会认真对待这些问题，试图找到一些可能有用的解决方案。通过让孩子们一起合作，在截止期限之前完成任务，他们就会被号召去发展一些策略，去管理自己的学习，满足各种期望。他们将被迫面对在未来有可能遇到的严重问题。

第 4 章　新经济的职业技能

史蒂文·约翰逊(Steven Johnson)(2010)在其所著的《好点子从哪里来》一书中讲过一个故事:"20世纪70年代晚期的某个时候,一个叫史蒂文·塔纳(Stephane Tarnier)的巴黎妇产科医生向他工作的单位巴黎妇产科医院——这是一家为城市穷困妇女开设的一家分娩医院——请了一天假,到附近的巴黎动物园参观……塔纳偶然碰见了一个有关小鸡孵化器的展览。刚刚孵化的小鸡在孵化器温暖的围墙里跌跌撞撞地走,这一幕激发了他的一个想法。不久他就聘用了动物园负责禽类养殖的工人奥迪尔·马丁(Odile Martin),为新生儿建造了一个实现类似功能的装置"(p.25)。

约翰逊认为,新观点就是这样孵化出来的。观点和人相互接触,相互摩擦,激发出新观点。这是问题解决中的一种创造力,对现代世界的成功正变得越来越重要。然而,传统学校很少提供激励或机会去培养这种创造力。大多数老师看重的是那些要他们干什么就干什么,而不会去针对一些做事方式发起挑战提出问题的学生。好的学生不会去策划一些老师从未思考过的观点。

技术已经侵入了工作场所,对那些做常规工作的工人的需求减少,而对那些能进行创造性思考的工人的需求增加。例如,经济学家们发现,自从2001年以来,从事常规工作的劳动力的百分比下降了大约8%,而同期做非常规工作的劳动力上升了大约23%。《华尔街时报》曾经问道:"你的工作是常规性的吗?如果是,它很可能会消失"(Zumbrum,2015)。

机器人正越来越多地做着过去工人们不得不做的许多产业工作。精密系统能阅读海量文献,去找到为了达到某种目的所需的信息,比如找到相关的司法案例,进行医学诊断。自动驾驶汽车、卡车和无人驾驶飞机不久以后就能载上人或货物,把他们送到指定的地方。

要想让学生们在未来的工作场所得心应手——这种未来场景目前已经发生——他们必须学会具有创造力,成为批判性思考者。他们也必须掌握关键的工作场所技能,比如管理自己的时间和资源,与来自不同文化的人们有效进行团队合作。这些技能不可能被自动化,而且它们对于未来的思维工作是很重要的。即使常规工作消失,我们总会需要医生、分析师和娱乐业人士的。但要在新经济中挣到糊口的薪水,所需的技能是今天的学校不能有效教授的。如果我们对孩子们发起挑战,让他们去完成有意义的任务,比如设计新产品,找到社会问题的解决方案,那么我们就可以对学校进行设计,好让它们去教授这些技能。

为明天的工作场所而学习

埃里克·布伦乔弗森(Eric Brynjolfsson)和安德鲁·麦卡菲(Andrew McAfee)(2014)在他们那本开创性的著作《第二个机器时代》中说道,"如果一位工人只有'普通'技能和能力,那么没有哪个时代比这更糟糕的了,因为计算机、机器人和其他数字技术正在以一种超凡的速度掌握这些技术和能力"(2014：11)。工业机器人已经在很多大型制造工厂和仓库中忙活着,执行重复性任务,分发货物。最终机器人将足够发达,能够监控其他机器人做事,出现问题时能召唤求助。

2011年2月,数百万美国人看着计算机程序Watson在知识竞赛节目《危险!》(*Jeopardy!*)中打败了两位卫冕冠军肯·詹宁斯(Ken Jennings)和布拉德·拉特(Brad Rutter)(Markoff,2011)。这个事件代表着目前人工智能发展的最高点。正如肯·詹宁斯在项目结束时说的,"我个人欢迎我们的新计算机霸王"(转引自Markoff,2011)。为了回答《危险!》中的问题,Watson必须弄清楚问题问的是什么,在包括维基百科在内的巨大数据库中搜索,检索相关信息,针对可能的答案形成各种假设,对它们进行权衡,去决定哪个答案最可能,答案的可信度如何。

Watson有各种可能的用途。由于它有医学数据库,它正被用于诊断肺癌案例。因为Watson能在网上得到所有治疗健康问题的信息,考虑到医学文献庞大且在不断增加,它比任何医生都能使用更大的资源库。Watson也正被用于支持金融分析和顾客服务。像Watson这样的系统未来很可能在任何领域都起到重大作用,因为它们能收集人类不能充分处理的大量信息。

目前,帮助顾客制定旅行计划的计算机系统正在代替旅行代理人,税收处理系统正在替代税收顾问。随着公司里其他员工利用计算机去做自己的工作,秘书的数量已急剧减少。越来越多作家通过博客和在线书籍出版自己的作品,从而绕开了出版业。不久,能做研究去找到关于任何主题的相关司法案例的计算机系统就能代替法律办事员。几乎没有任何常规工作是安全的。

正在发展的工作涉及思维和创造力、自我管理,以及与各种人合作的能力。这些工作包括排障或研究、管理小组或设计新产品,更有效地使用技术或通讯技能。例如,新经济中的农夫所能做的远远不止种庄稼。他们会计算哪些庄稼能产生最多收入,预料风险和应对问题,雇佣工人,应对复杂的政府政策,和购买者协商,购买重型设备。今天的作者必须创出品牌效应,决定哪些渠道能最好地帮助他们找到读者,与能帮助他们推进自己职业的各个领域的人们建立联系。今天成功的职业需要各种技能,而这些都是学校几乎不会触及的。

技术正在以更快的速度变化。未来最好的工作中许多会包括设计、测试和运用新技术。人们将足够机智,去适应变化中的技术环境。理解技术如何运作及其局限,对我们在这个复杂世界中的成功正变得越来越关键。今天的学生应该学习如何创造性地应对工作不断变化的本质。

正如汤姆·弗里德曼(Tom Friedman)(2004)用他的"世界是平的"隐喻所戏剧性地描述的那样,发达世界中的人们正在与中国、印度及其他发展中国家的人们争夺工作机会。要想在这种环境中得心应手,仅仅有传统的博雅教育,让学生们学习莎士比亚、二次方程、板块构造理论和工业革命,是不够的。学生也要有可以拿得出手的技能,在竞争超级激烈的世界中挣到薪水养活自己。职业教育把重点放在为具体工作进行的培训上,如汽车修理工、风力农场开发——这些工作在接下来几年间有可能发生急剧变化甚至完全消失——因而不能有效培养学生。这两种传统做法都救不了我们。

新技术正在抹去精英教育和非精英教育的区别。传统上说来,博雅教育针对的是把精英培养成社会的领导者。同样,职业教育基于这样一种假设——社会中的许多人仅仅适合做常规工作。随着常规工作消失,我们必须弄清楚如何把世界所需要的知识和技能教给学生。

我们能把学生教成有创造力和批判性的思想家吗?让他们管理自己的

时间和资源？让他们有效与别人合作？我想这样做是可能的,但大多数学校没有尝试过。它们如此注重测试学生记住了多少事实和程序,以致在总体上忽视了现代工作场所所需的关键知识和技能。在本章,让我们看看未来工作者能够学习去做得很好的一些事情。

学生如何才能学会富有成效的思考？

现代工作场所所需的技术和技能方面发生的变化,已经急剧增加了对创造性和批判性思维的需求。创造性思维涉及一代代的新观点和产品,而批判性思维涉及对观点和产品的评价。两者在产出性思维方面同等重要。

创造性思维

我们想培养学生的创造力,这样他们就能在21世纪的工作场所中如鱼得水。但人们如何才能"创造性地思考"呢？几年前我做了一个实验,去探究富有创造力的人们如何产生观点。我给了实验对象一道题目,"什么使一个晚会有趣",让他们去产生观点,写出一篇文章。我记录下他们的自言自语以及分析这些被试解决问题的不同方式。两位参与者的方法美妙阐释了创造性思维者用来发展新观点和学生应该在学校里学习的各种策略。

一位参与者是杰出认知心理学家戴德里·金特纳(Dedre Gentner),她以在人们如何识别和理解类比方面的研究而著名。她谈到了四个曾参加过的晚会的案例,以发现是什么将晚会分成有趣的晚会和失败的晚会。其间,她提出了晚会成功举办很重要的两个特征——心理学家称其为"中间构件"。一个是是否具备让人们可以聚拢进行安静谈话的空间,她称其为"掩蔽处(cover)"。另一个特征是"扰乱性活动",能够提供借口让人们继续下去,比如跳舞或得到饮料。这些想法来源于她记忆中一个很糟糕的晚会,当时每个人都围成圆圈交谈。这个晚会是如此糟糕,她记得她不得不无话找话,这样对话才不会冷场,后来女主人批评她主导了整个谈话。

在识别了掩蔽物和扰乱性活动这两个关键概念以后,她开始建构一个过程模型。据她看来,在一个有趣的晚会中,人们到处走动,与空间中找到掩蔽处的不同人交谈。有时候这些对话进行得很好,参加晚会的人会抵制那些把人们拉出枯燥谈话的活动。她给出的类比是,一个让人们聚焦到一起的引人入胜的谈话,就像移动着的粒子组成的化学汤料中的分子沉淀物。

相较之下,人工智能领域的早期人物和儿童书籍作家奥利弗·塞尔弗里奇(Oliver Selfridge),通过理查德·扬(Richard Young)、奥尔顿·贝克尔(Alton Becker)和肯尼思·派克(Kenneth Pike)(1970)在他们的书籍《修辞:发现和变化》中描述的视角转换策略来看待晚会。他通过历史和不同的场所,以及构成"晚会"的不同要素来考虑晚会。他甚至探究了 party(晚会)这个词的词源,以及关于晚会的基本方面所隐含的东西。他最终的分析包括一套他认为一场有趣晚会必需的关键要素,比如明智的讨论、煽动性的观点和逗笑的人们。他把这些要素看成与化学元素类似的原始基元。

学生们能被教会用戴德里·吉尼特或奥利弗·塞尔弗里奇的创造力去思考吗?倾听他们的思维是许多富有创造力的人用来产生新观点的策略。这些策略可以被教给学生,这些学生参与创造性的项目,在这些项目中他们设计、调查和建构有意义的产品和论点,被鼓励产生新观点和解决方案。我们对学生们如何学会有效运用每一条策略提出了建议。

- **比较各种情形**。吉尼特比较了有趣程度各不相同的晚会,来断定使晚会有趣的要素。她选择的晚会有趣程度不同。这使她能考虑影响这些晚会有趣程度的不同要素。对任何主题,考虑关键维度上的各种不同情形是很重要的。例如,如果学生分析"什么使一个网络企业成功?"这个问题,他们就需要在不同情境下考察成功与失败。

- **考虑功亏一篑的情形**。通过思考一些在某些方面失败的情况,吉尼特发现了她本来想不到的几个关键因素。例如,她想起了一个晚会,在这个晚会上,每个人都围成一圈,这样人们就不能到处走动或进行亲密谈话。这个案例使她发展出了那几个关键因素。思考大量功亏一篑的情况,能够凸显不同的关键因素。当学生们比较不同情况的时候,这些功亏一篑的案例可能最有启发性,因此他们会想去仔细研究那些因为不同原因而失败的案例。

- **探究关键因素**。任何人关于不同晚会都会注意到一些表面变量,例如他们是否提供酒,人们有趣程度如何,吉尼特寻找各种位于这些表面变量之下的变量。这使得她想出了一个很少人会想得到的创新性理论。当学生考虑导致企业成功的各种因素时,他们应试图看看那些不同案例在深层次上有哪些共同点。

- **找到一个类比**。为了建构一个连贯的理论,吉尼特在人和化学汤料中运动的分子之间进行了类比,在化学汤料中分子能聚集到一起,从汤中沉淀出来。类比经常能提供一些学生本来想不到的新观点。随着他们更深入地进行探究,学生们就能找到各种类比,提供连贯的结构去形成他们的理解。

- **考虑不同的观点**。扬、贝克尔和派克(1970)建议了一些从不同角度看待一个现象的策略。其中之一是把这个现象看成是一个粒子、波浪或田野。粒子观点涉及到把这个现象看成是一个孤立的事情,凸显其不同的特征和子系统。房子可以被看成是棕色的，有山墙式的屋顶和一个前门廊。波浪观点指的是在不同时间以变化观点看待某种现象。这幢房子可以被看成原本是几百年前建造的一座农舍，随着郊区扩张变得更现代化了，增加了一间厢房为祖母提供一栋公寓。田野观点涉及到在情境中看这个现象。这栋房子有可能被新的大房子包围，远离街道，农场的边界上有石墙，高大的铁杉树遮住它免受太阳的炙烤。这三个视角可以被循环用于这个现象的不同方面，你对这个主题思考得越多，你能探究到的东西就更深刻更广泛。当学生们处理复杂问题的时候，他们需要从不同角度看待这个问题。

- **发展一个模拟。**爱因斯坦因为他的"思维实验"而著名，比如为了发展他的相对论，他设想自己骑在一根光柱上。模拟是一种策略，用于运行一个现象模型，看不同时间中，在不同的输入条件下，会发生什么。例如，学生会设想不同的情境，设想如果每个人都成为自由职业者，社会如何变化。模拟给人提供了一种可能性，去思考不同情况下的不同世界。

- **找到一个目标结构。**塞尔弗里奇试图找到创造一场有趣晚会所必需的类似化学元素的原始要素。这个原始要素观点是他用来引导其思维的结构。这个引导吉尼特理论建构的是一个过程模式，在这个模式中，要素（即人）之间取得联系以后会进行交互。这种被称为"代理人模型"的过程模型，在人工智能领域很常见（Wilensky & Reisman, 2006）。考虑到第6章描述的几种结构（或模型），学生在练习发展他们自己的理论方面会做得不错。

人工智能领域的杰出研究者罗杰·尚克（Roger Schank）（1988）在其

《创造性态度》(*The Creative Attitude*)一书中,提倡创造理论去解释反常事物,用数据核实理论,做出推论:

> 成为具有创造力的人的秘诀,是找到那些不能很好运作的事情并开始思考它们。这在真实实践中意味着什么呢?它意味着想知道为什么公交巴士不能准时运作而似乎成群结队挤在一起;它意味着思考付小费会如何真正影响服务,这个体系该如何改进;它意味着想知道智力如何通过智力考试进行测量,试图思考智力到底是什么……为了找到一个令人疑惑的问题的答案,你不能等着别人来给我们这个问题。你必须自己思考这个问题……但为了想出好问题,我们必须注意反常的事物。(p.350)

我们如何教会学生在日常生活中变得更具有创造力呢?让学生为一些严肃的问题(如怎样改进学校教育和职业之间的协调,或如何发展有效的工作小组)找到答案,会鼓励学生产生创造性的观点。理论化涉及到理解事情运作的方式,比如那位两岁的小孩想知道事情为什么是那种样子。随着学龄儿童读完学校课程,他们经常开始失去这种好奇的感觉。肯·鲁宾逊(Ken Robinson)(2010)认为,学校把孩子们的好奇心给磨光了。诀窍在于让学生们带着更具批判性的观点,去重新获得这种质疑的态度。

批判性思维

随着工作领域竞争性变得越来越强,人们越来越注重发展最有效的工作程序(Hammer & Hershaman,2010)。工人们需要质疑平常做事的方式,以便能想出更好的做事方式。他们需要尝试新观点,评估它们运行得怎么样。当事情出现问题时,他们需要去应对这些问题,弄清如何解决它们。批判性思维在现代工作场所的每一个角落都会出现。

评价是批判性思维的精髓。在一件工作成品中要评价什么?我们可以评价其内容、风格、理论基础、创造性、结构以及产生这件产品的过程。可以详细考察许多不同的工作过程,如问题解决、设计、写作、演讲、表演和决策。评价的两个主要目标是改进这件产品以及未来相似的产品,改进产品被生产的过程。

例如,芭芭拉·怀特和约翰·弗雷德里克森(1998)让学生们根据分属三类的九个标准评价他们的小组科学项目:

- 广义的标准
  * 理解科学
  * 理解探究过程
  * 进行关联
- 更聚焦的标准
  * 具有发明性
  * 具有系统性
  * 运用科学工具
  * 仔细推理
- 社会取向的标准
  * 很好写作和交流
  * 团队合作

在学生们评估了他们刚刚完成的研究以后,他们被要求为自己在每一个标准上所得的分数写一个辩护词。进行这些评估的学生产生的研究项目比对照班学生的项目得到独立评审者更高的评分。他们在自己的学业考试中也得分更高。这种反思性评估对于成绩较差的学习者尤其有好处。

在评估内容时,学生需要学会去问的两个关键问题是:是否遗漏了重要的观点,是不是所有包含的材料都必要？学生们遗漏重要的观点,要么是因为他们没想起来,要么是因为他们认为它们不是必需的。包含太多内容导致的麻烦,使重要的观点遗失在一团乱麻中。问这两个问题对评价自己和他人的作品都很重要。

黛安娜·哈尔彭(Diane Halpern)(1998)引用了广泛的证据,表明批判性思维能够学会。在和学生合作时,她开发了一个成为批判性思维者的项目,分为四个部分,包括:(1)一种参与批判性思维的心向;(2)具备批判性思维技能的教学和实践;(3)设计用来促进领域之间迁移的结构培训活动;(4)用于指导和评估思维的策略性成分。

爱德华·伯格(Edward Burger)和迈克尔·斯塔伯德(Michael Starbird)(2013)在他们所著的《有效思维的五个要素》一书中,建议了一些能帮助学生成为批判性思维者的策略。一种加深理解的方法是向他人解释自己的作品。伯格和斯塔伯德曾问一位数学老师他何时开始学习微积分,他说是他试图教微积分这门课的时候:"当我教什么东西的时候,我无可避免地会遇到很多基本问题。学习这个主题的动机是什么？基本例子是什么？我应该把重点放在这些材料的哪些方面？背后的主题是什么？是什么把这些观点联系在一起？整体结构是什么？重要细节是什么？这些问题强迫我去发现问题的中心本质,确切看到我真正理解了哪些,还有哪些需要去进一步努力"(2013:80)。让学生教其他人是一个让他们学习的有效方式(Heath & Mangiola,1991)。

在伯格的大学数学课上,他会为当天指定一个"官方提问者"。一个充当提问者的女孩反思说,她"对发生的事情更清楚,对讨论的深奥内容更熟悉。她也承认从课堂中得到更多。"在那以后,她变成了一个定期的提问者。正如伯格和斯塔伯德(2013)所说:

> 经过足够练习,你可以学会自己承担责任去及时理解所说的内容,积极建构各种问题,如错过了什么,假设是什么,哪些内容可以拓展,哪些很模糊或不清晰。如果你拥有这些思维习惯——当你听讲座或别的东西时,强迫自己去创造或提问——你就会发现至少有两个效果:一、你会表现更好;二、你会发现这个世界更有吸引力。(p.85)

我们如何创建课堂,让每一位学生都能成为一个习惯性的"提问者"?成为有关生活中许多方面和情况的提问者,是富有成效的。这意味着要问关于目标和目的以及关于成本和好处的问题。学生变得更加富有生气更加好奇,因为他们在积极地参与。他们对观点变得更加开放,因为他们在质疑自己的假设。他们行动更加有效,因为他们厘清了需要做的事情。在很多方面,质疑是值得的。

在解决问题、发展设计或进行诊断时,今天的员工必须经常做出需要批判性思维的困难决定。学生们面临着重要的人生决定,比如从事什么职业,上什么大学,选择什么工作。这些是涉及到成本—收益分析的决定。

例如,假定你在两所大学之间权衡。一所在靠近海滩的南加州,一所在波士顿地区。波士顿的那一所名声很好,有很多杰出校友。加州的那一所气候温和,还能进行你最喜欢的冲浪运动,但论起名声,这所学校更像是一所派对大学。成本—收益分析要求你考虑两种选择的正反方面:加州那所大学的好处在于宽松的氛围、温暖的气候、冲浪和更好的卫生状况。付出的成本包括不那么有趣的课程和人、更低的产出和更少的辅导。那所位于波士顿的大学的成本—收益分析刚好和加州那所大学的好处和成本相反。两者权衡之下，你也许会觉得波士顿的大学对你的事业来说是更好的选择，因为努力学习和辅导对于成功的事业来说是很关键的。如果你很成功，你以后总有机会搬到加州去的。

成本—收益分析中所用的各种策略可以普遍用于其他决策，比如帮客户分析问题、设计产品、文献和实验。所有这些问题都涉及对各种选择的仔细考虑，以及每一个选择的正反两面。决策技能的一部分包括知道何时去进行深入分析，何时去简化这个过程，而不是依赖一个人关于什么是最好选择的直觉。

批判性思维需要努力，但它对理性决策非常重要。黛安娜·哈尔彭（1998）已经表明，批判性思维和质疑是可以教的。在学生参与到一些他们认为有意义的挑战性任务时，批判性思维和质疑能教得最好。第7章将讨论学校该如何重新设计以让孩子们参与到各种项目中——这些项目包含了人们在工作和生活中可以使用的创造性和批判性思维策略。

学生如何学会管理时间、资源和群体工作？

在现代工作场所，人们需要许多自己必须管理的时间和自己必须追踪的超量信息。另外，在越来越多的职业中，他们被要求与各种各样的人合作解决问题和完成项目。学生们需要在学校里就学会如何应对这些需求，而不是在找到工作后才第一次去应对它们。

管理时间

熟练工人面对的根本时间管理问题是能在截止期限之前完成自己从事的项目。一些项目需要单独努力，但大多数涉及与他人合作去准时完成各项工作。学校结构重点放在个体努力和短期任务上，因而不能培养学生学会有效的时间管理技能。

为了学会时间管理，学生们需要进行一些他们喜欢而又有严格截止期限的长期项目。他们需要学会计划自己的时间，从现实角度估计不同工作花费多长时间，协调与其他同学的工作。这经常涉及到定期检查，看参加到项目中的每一个人是否走上了正轨，能准时完成工作。即便是在单独进行的项目中，检查进展情况也很关键。当进度落后以后，就需要重新计划，把部分工作分配给他人，或找到一个临时措施，好在截止期限之前完成项目。学生们需要很多练习来发展这些技能。

一个常见的时间管理问题，尤其是在年轻人中，是同时处理多项任务。当学生们工作或学习时，经常被短信息、电子邮件或电话打断，这迫使他们从所做的事情转到处理这些干扰上。正如拉里·罗森（Larry Rosen）(2010)在其《重新连线》（Rewired）一书中所讨论的那样，转换任务有一个时间成本，回到原来中断的地方需要恢复时间——他们要弄清，在自己被打断时，到底工作进行到哪里了。付出更高代价的是下面这个事实：这个中断会让人们去做其他事情，如看一下 Facebook 上的更新或吃一些点心。没有办法治愈学生的一心多用，因为他们担心错过或遗漏重要的信息。但周期性地定期对进来的信息进行批量处理会更好：每隔一两个小时处理所有的短信息、电子邮件或电话，而不是让它们打断任务。学生只有通过努力在截止期限之前完成任务来学会这一点。

艾尔·奥弗尔（Eyal Ophir）、克利福德·纳斯（Clifford Nass）和安东

尼·瓦格纳（Anthony Wagner）(2009)在对那些经常一心多用和那些不一心多用的人的三个比较研究中发现，与那些不太一心多用的人相比，经常一心多用的人更容易被不相关刺激物分散注意力，从一项任务转向另一项任务时速度更慢。我们正在培养一代认为自己很善于一心多用的年轻人，但所有的证据表明，他们并不比别人更优秀。

拖延是另一个时间管理问题的源头。我们都会推迟自己不想做的事情，当然我们中的某些人要比其他人更坚持。学生们应该学会开始做事时不要拖延，否则根本没时间去完成好的作品。这种习惯如何被打断呢？学生对付拖延的策略之一，是选择一天中的某个时段，如早晨或饭后，此时完成拖延任务的意志力最强烈。鲍迈斯特和蒂尔尼（2011）进行的研究表明，在一天中，随着我们变得饥饿，耗尽所有抵制诱惑的力量之后，意志力会逐渐减退。正如德韦克（2008）所建议的那样，学生们发现自己拖延时，需要学会为完成任务做一个具体计划。

许多人做事开了一个头以后，就永远再也没有下文了。这经常来源于糟糕的计划、注意力分散或完美主义。完美主义的来源是害怕批评，而这又被内化到自我批评中（Guise, 2015）。完美主义很难治愈，因为它是根深蒂固的。代替完美主义的最有效策略是"满意度"——也就是说，考虑到任务的重要性，把工作做得足够好。这就可能包括因为任务不太重要而做得很少，或者因为任务非常重要而分外努力。"满意度"这个术语是诺贝尔奖获得者赫伯特·西蒙（Herbert Simon）创造的，关于他的一个奇闻轶事就是，他每天午饭吃同一种三明治，因为他并不在乎自己吃什么。但如果一个任务很要紧，完成它就非常重要。问题在于，完美主义者在每一件事情上都努力做到完美。

人们不能完成任务的另一个原因是，他们没有为在截止期限之前完成任务计划好时间。个体在感受"时间紧迫度"方面,或者他们在秉持"现在取向"还是"未来取向"方面,情况不一(Waller,Conte,Gibson,& Carpenter,2001)。有很强"时间紧迫度"的人们对于时间流逝的担忧远甚于那些对时间流逝毫不关心的人。和那些注重现在的人相比,那些"未来取向"的人为未来制定计划。沃勒(Waller)及其同事们认为,未来取向加上时间紧迫度,对于安排活动和在截止期限之前完成任务,是至关重要的。学生们需要被教会如何组织自己的时间,在截止期限之前完成任务。教师可以帮助他们确定优先事项,这样,工作中最关键的部分可以在这个过程的早期完成。有一种趋势是"降低目标"去满足最直接的需要,而不是聚焦于最关键的任务。对自己和他人的工作进行监控,是阻止这种目标降低的唯一方法。这涉及到常规性核查,每个人汇报自己的进步,或让小组长有规律地检查人们的工作进展如何。

随着任务的进展,学生经常需要重新分配时间和努力。正如第 3 章所指出的那样,计划永远做不完。学生们需要监控他们的任务进展如何,并在必要时重新计划。光是监控和重新计划这两个行为本身就能帮助他们在进行计划时变得更讲究实际。最后,他们需要反思监控和重新计划的过程。反思性讨论会让他们客观地思考本来可以如何把工作计划得更好。要学会这些技能,学生们必须小组合作,精心组织,这样他们就能参与计划、监控和反思。这些都是现代企业中常见的团队合作所需的关键技能。

进行组织

组织材料的基本问题是,决定哪些材料值得保存,哪些应该被抛弃,最先要得到什么材料。这些都是进行组织的两难选择。一般规则是,仅仅保存你以后会用到的东西,而删掉你以后不可能用到的东西。学生们需要早点学会如何把事情安排得井井有条，否则的话，他们的生活就会一片凌乱。学会如何安排事情，抵制将事务慢慢累积下来的冲动，对学生来说是重要的教训。

最近几年，计算机和因特网进入了组织性的竞争。原则上说，因为多重索引，它们会让搜索变得更容易。例如，一个人可以键入"meeting deadlines in group work"（"在小组工作时在截止期限之前完成任务"）这个关键词，在Google上搜索相应文章。计算机文件夹可以多重索引，这样就没必要扔掉任何东西，除非系统的储存空间不够。相对于删除文件而言，购买更多储存空间更容易，因为它们很便宜。我们在网络空间中存储的信息越多，积累的纸张文件就越少。

让学生学会组织技能的一个好方法，是把多个学年内不同项目的所有作品记录到一个在线档案袋中，无论这些项目是校内的，还是校外的。这样的档案袋，连同学生搜集的其他支撑材料，会在这些年中慢慢积累，学生为材料编制索引和搜寻材料的技能也随之慢慢发展。如果学生们不停产出各种产品，比如第2章所描述的数字青年网络，那么教师就应该鼓励他们按时间顺序把他们的作品进行组织和索引，这样其他学生就能看到他们的作品并进行评论。

随着学生们在数字空间长大，他们会学会如何利用设备去记录自己的作品和日程。智能手机的好处之一，就是当人们计划好某事之后，它们能够提醒人们。理想情况下，伴随学生长大的所有数字设备会使人们更容易地有效安排生活。但学生们不得不学会利用这些新能力，去组织他们搜集的东西和进行各种预约。

与他人合作

随着社会变得更加复杂，工作变得更加需要合作。在未来的工作场所中,团队是关键单位。与他人合作被认为是现代社会成功的必要条件。例如,正如我在第 1 章所指出的,美国劳工部制定的就业技能委员会报告(SCANS)在预测未来工作场所需要的技能时,对与他人合作这一点进行了强调(SCANS Commission,1991)。

心理学家凯文·邓巴(Kevin Dunbar)(1993)研究了四个分子生物实验室的研究者如何进行研究工作。通过记录实验室中所有的互动,他就能研究真实场景中的观点是如何产生的。最令人惊讶的是他发现许多重要突破发生在实验室会议上。研究者们把各自最新的发现和问题呈现出来。进行相关主题研究的其他研究者会帮助他们解读自己的发现,或鼓励汇报者从不同方面思考自己的工作。有时候,合作者能围绕着实验中出现的问题建议一些方法,或针对汇报者为什么存在某个问题而提供重新解读。驾驭不同的观点不仅仅对科学领域的进展很重要,它在每个领域每一项努力中都很关键。这种定期汇报进展的方法会成为课堂学习的有效补充。

许多公司在公司范围内组建团队,如营销、工程和制造,以便设计出更成功的产品,改进工作程序,进行战略规划(Brooks,1994)。但这些跨功能团队的成员来自不同的文化,价值观迥异,经常使得团队成员在一起合作变得困难。

安妮·唐奈隆(Anne Donnellon)(1995)研究了包括施乐和迪斯尼在内的四家不同公司的跨功能产品开发团队。在其中三家中,团队没有充分发挥他们的潜力。同样,安·布鲁克斯(Ann Brooks)(1994)研究了某家大型高科技公司的四个团队,也发现了类似的问题。公司在组建这些团队时,几乎很少对员工培训"如何在团队中很好合作"这方面的问题。唐奈隆(1995)发现,唯一发挥了潜力的那个团队来自该公司的一家下属子公司,它曾对员工在团队中合作进行过培训,并发展出了一种珍视团队努力成果的文化。

唐奈隆(1995)发现了对团队成功很关键的六个问题：(1) 小组认同感；(2) 相互依靠；(3) 权力平等；(4) 社会亲密度；(5) 冲突管理；(6) 有效协商。这六个问题关乎学生在小组中成功需要发展的关键能力。团队中的每一个人都需要努力经营这六个方面，才能应对团队里的紧张气氛。学生在学校里从事小组项目时，能用下面这些方式学会这些技能(Barron, 2000, 2003; Cohen, 1994)：

1. 发展出团队成员共享的小组认同感，需要做出努力，每个人都必须作出贡献。通过朝共同的目标和共享的专长努力，就能发展一种"我们是谁"的感觉。团队中的语言强调"我们"和"我们的"，而不是"你们"和"他们"。

2. 相互依靠，指问题出现时，成员各自带着他们不同的知识和专长来解决它们。这要求尊重彼此的想法和观点(Bielaczyc & Collins, 1999; Bielaczyc, Kapur, & Collins, 2013)。询问问题和仔细倾听都是培养相互依靠的重要技能。

3. 布鲁克斯(Brooks)(1994)和唐奈(1995)都仔细描述了权力差异如何对小组成功构成危害。小组必须在不同成员之间建立平等关系，否则地位较低成员的贡献就会被埋没。怀特和弗雷德里克森(2005)通过给每一位小组成员安排一份管理责任来实现平等地位(参见第2章)。建立平等关系所用的语言要求任何人都不能控制讨论，打断他人，发布要求和指令，挑战他人或改变主题。

4. 为了建立团队凝聚力，阻止权力分化，运用语言促进团队成员之间的亲密度非常有用。正如唐奈(1995)所说，促进社会亲密度的语言包括强调共同观点和小组成员关系，对他人的需求表示关切，感谢和回应他人的评论,表达喜欢、钦佩、移情和幽默。

5. 冲突管理对团队成功也很关键。有很多冲突解决方法是无效的,如领导者宣扬自己的观点,或小组成员放弃自己观点去迎合他人观点。管理冲突最有效的办法是妥协和合作。正如唐奈(1995:38)所说,"合作让分歧浮现出来,发现共同的兴趣,从而提供整合的基础"。

6. 发展有效的协商策略对与他人合作非常重要。唐奈(1995)将聚焦于竞争的输赢取向与注重合作的双赢取向进行了区分。正如第2章所讲的那样,有效协商分歧,对引出及整合团队的最好观点至关重要。

  学校需要培养那些知道如何让团队去有效运作的学生领导者。他们必须感觉到一种责任,将人们与其他人和他们的观点联系起来。他们必须学会如何激励他人去树立目标,一起合作去实现这些目标。他们必须学会如何在小组内把工作分配给那些最能完成不同任务的人。他们必须学会如何在具备不同观点和专长的群体成员之间达成一致意见。他们必须学会如何一边倾听别人与他们一起分享责任一边做到这些事情。第2章所讲过的那种让学生们在小组工作中承担管理责任的方法,是一种教会学生领导技能的有效方法,这种领导技能对小组运作很关键。

  随着我们承担的任务变得更加复杂,与他人有效合作的技能变得更加重要。没有哪一个单独的个人知道如何生产像手机或汽车这样的产品。这些东西有太多复杂的配件,经常由供应商提供。设计这些产品,知道如何生产它们,制定计划去推销它们的是团队。把唐奈隆(1995)和布鲁克斯(1994)所发现的这些技能教给学生,能让他们学会如何在今天的工作场所有效合作。

培养学生在未来工作中可以使用的技能

在本章和其他章节中,我描述了许多技能、策略和心向,它们对工人在技术世界中的工作场所中成功至关重要。然而,这种知识在 K‑12 教育中几乎很少涉及到。学校教过学生如何批判性和创造性地思考吗?学校教过学生如何将自己做的事情优先排序,如何管理他们的时间和策略了吗?学校教过学生如何有效地进行团队合作吗?这些问题中绝大部分的答案都是否定的。教育者面临的挑战是思考如何设计一个教育体系,培养学生为他们即将进入的高度技术化和合作性的工作场所作好准备。

第 5 章 公共政策挑战

唐奈伦·梅多斯(Donella Meadows)(2008)在其《在体系中思考》一书中说道:"尽管人们有很好的分析能力和技术辉煌,去致力于清除饥饿、贫穷、环境恶化、慢性疾病、药物上瘾和战争,但它们依然顽固存在。没有人故意创造这些问题,没有人想要它们残存,但他们依然存在。这是因为它们是内在的系统问题——这些系统结构所特有的不理想行为产生了这些问题。只有当我们重新找到直觉,停止责难,把系统看成是其自身问题的来源,找到勇气和智慧去重构它时,这些问题才能克服。"(p.4)

在越来越复杂的社会中,我们正面临着困难的政策挑战,比如气候变化、污染和政府财政,这些都需要更多的公共理解。随着社会发展出的技术和系统变得越来越复杂,变化越来越迅速,这些问题变得愈加难以解决。学会权衡不同政策的成本和收益,考虑可能的风险,都是积极公民做出明智政策决定时所需的关键技能。公民和政客经常不能足够好地理解复杂问题,明智地进行辩论,把自己的决定基于最好的可能证据之上。要想使一个社会能良好运作,人们必须明白决策涉及的复杂平衡。学生们需要了解环境、政府和财政系统涉及的平衡,以及基本的系统理论概念。学校经常会触及这些问题，但不会从包含反馈环和杠杆点的复杂系统视角去接近它们。

理解复杂系统

我们被复杂系统所包围，如环境系统、经济系统、医疗系统、教育系统和政治系统。梅多斯关于系统行为引入了几个关键观点。首先是反馈在系统中起着关键作用，以及利用负面反馈控制系统行为。她讲了一个故事，美国政府在1986年规定，任何释放了危险污染物的公司，必须每年公开报告这些排放物。这导致了污染物排放数量减少了40%，因为公司都不想背负污染空气的骂名。这就是系统中的高杠杆点的一个例子。

她还讨论了公地悲剧（tragedy of the commons）这个理念，这是加勒特·哈丁（Garret Hardin）（1968）提出的一个观点，来解释人们共享公共好处的任何系统中出现的一个基本问题。例如，渔场是任何人都可利用的公共资源，除非设定了规则去限制它们的使用。在市场体系中，正如经济学家和哲学家亚当·斯密所说的，货物的价格提供了对系统的反馈，这样，如果价格上涨，它就鼓励更多人去提供货物。但正如梅多指出的，正面反馈环会建立起来，不断减少的鱼的储量会导致价格提升，而这反过来导致了过度捕鱼，最终导致了鱼的存量的崩溃。

正面反馈环是系统中许多问题的来源。梅多斯（1999）给出了一些例子："人们得流感越多，他们感染的其他人越多。生下的婴儿越多，以后长大成人生婴儿的人就越多。土壤侵蚀越多，它能养活的蔬菜越少，那么减缓雨水和径流冲击力量的根和叶子越少，土壤侵蚀就越厉害"（1999：11）。控制系统的大多数努力都是想找到各种方法，去阻止这些正面反馈环变得难以驾驭。要做到这一点，需要找到有效的方法进行干预，去打破这些反馈环。

随着社会及其问题变得更加复杂,让学生理解系统思维变得越来越重要。人们经常找到有各种副作用的解决方案,结果使问题变得更加糟糕。政治家们抓住简单的解决方案,因为它们很容易推销给选民。正如乔治·华盛顿和托马斯·杰弗逊所说的,我们需要明智的公民针对各种问题进行理性的辩论,选择有效的领导人。考虑到问题越来越多的复杂性,公民需要选择深刻思考问题和理解复杂系统的领导人。

要想让学生理解复杂系统的行为,他们需要应对梅多在本章开头段所提出的几个社会问题。他们可以调查下面这些问题,如:我们如何解决药物上瘾问题?我们该如何做才能减少化石燃料的使用?在技术正代替工人的情况下,我们如何为每一个人提供工作?我们该如何做才能使每一个人得以谋生?研究这些严肃的问题,能帮助学生理解为复杂问题找到解决方案的各种困难。

让学生调查复杂的社会问题有很多理由。首先,这些问题的表面效度提供了强烈的动机让学生去深刻思考,为他们认为最有可能成功的方法进行辩护。解决这些问题要求学生理解医疗、经济、政府和环境过程。另外,这些是系统性问题,因此学生必须将来自多个学科的知识整合起来。这些不同问题有助于理解系统思维的关键方面,比如杠杆点、反馈环和激励。

学生小组可以在这些问题上合作。他们能在因特网上探究去找到相关信息,分享知识,相互倾听,产生备选观点,考虑不同方法的成本与收益,努力产生有效的解决方案。他们可以把自己的解决方案展示给其他学生,也可写成论文来论证自己提出的解决方案。这种方法来源于基于问题的学习(Barrows & Tamblyn,1980;Hmelo-Silver,2004)。这些问题会教给学生合作、交流、设计和调查技能。

这种方法与 K-12 学校评价体系所导致的那种"一英里宽一英寸深"教

育方法截然不同。如果我们想让学生喜欢他们所学的事情,而不仅仅是获得对科学问题的肤浅理解,他们就需要深深地钻研他们喜欢的重要主题。我在第3章讨论过健康,下面将谈一谈学生在进行调查时需要应对的环境和经济问题。

学生应该了解哪些环境问题?

环境问题将生物、物理和社会科学聚集到了一个对世界未来非常重要的情境中。因此,它是一个引入科学思维来应对真实世界问题的理想情境。下面提出的都是学生应该探究的问题。将科学教育嵌入学生能够看见对他们的未来有重要意义的情境中,学校在此方面大有可为。

随着世界人口增加,环境问题愈加严重。环境是一个复杂系统,需要系统思维能力去理解——这种能力在成年人口和学校课程中总体上是缺失的。如果孩子们要应对一个越来越复杂的世界,他们需要调查环境这样的复杂系统是如何运作的。

人口增长

学生需要调查不断增加的人口如何影响环境,未来人口是否能持续。因为当前的估计是世界人口将从现在的74亿增加到本世纪末的110亿峰值,那么让明天的公民和领导者去阻止不断增长的人口耗尽资源,产生废物和污染,毁灭动植物及其家园,便显得尤其重要。

学生们需要思考,在未来的几个世纪,当我们的农业实践产生不良副作用时,世界如何养活110亿人口。学生需要调查绿色革命、水产养殖和转基因对人类健康和环境的影响。他们也需要调查,农业实践应该如何改进,去减少杀虫剂、肥料、抗生素、荷尔蒙、水的使用和土壤腐蚀对环境和人类健康的影响。学生们需要理解应对这些复杂问题所牵涉到的平衡。

关键资源

学生们需要调查,哪些资源正在耗尽,世界如何应对可能会出现的问题。1980年,经济学家朱利安·西蒙(Julian Simon)与环保主义者保罗·埃利希(Paul Ehrlich)(1971)打赌,后者在其《人口爆炸》一书中提出,不断增加的人口正以一种不可持续的方式耗尽地球资源。西蒙认为,在过去100年间,尽管人口在增长,但考虑到通货膨胀,大多数资源的代价已经降低。他认为,由于新的资源能使人们用一种资源替代另一种资源(例如,使用塑料替代木头和金属),加上人类具备了提炼资源的各种新技能,供给超过了需求,因此价格在下降。他提出的赌约是让埃利希选择任何一种原材料和一年以后的任何一个日期。如果价格上升,埃利希获胜;如果价格下降,西蒙获胜。埃利希选择了五种金属(铜、铬、镍、锡和钨)以10年作为时间段。把通货膨胀因素考虑进去后,埃利希所有五个赌约都输了。但这不能为资源消耗盖棺定论,因为这些金属中部分价格目前更高了。

因为干旱和地下水的消耗,目前濒临枯竭的一种重要资源是淡水。水的消耗是公地悲剧的一个例子(Hardin,1968),因为它是不同用户竞争去尽可能争夺的一种资源。这种局面要求政府公正有效地分配水资源。

学生们应该调查金属、水和表土这样的资源是否正在被耗尽。由于保罗·埃利希和朱利安·西蒙在我们是否正在耗尽关键资源这个问题上观点迥异,学生们需要考虑这种相互矛盾的观点,并对政府应该如何应对这些问题得出他们自己的结论。

值得关注的最关键资源是能源。学生需要研究不同能源的代价和成本，尤其是它们造成的污染和对气候的影响。他们应该了解可再生资源（如风能和太阳能）和不可再生资源（如化石燃料）的区别，调查从不可再生资源向可再生资源转变中的困难。例如，针对风能和太阳能是间歇能源这个事实，他们应该分析如何应对。学生必须制定计划去减轻不同能源的负面后果，对未来能源需求以及不同能源的相对使用如何发生改变做出预测。

污染

学生们应该调查各国在过去面对的各种污染以及各国为应对这些问题提出的解决方案。污染故事的第一批版本出现在英国，该国用其充足的煤炭供应为工业革命提供燃料，为工厂和家庭提供热量。煤炭使用产生了1952年致命的伦敦烟雾，导致10万人患上呼吸疾病，12 000人死亡。英国慢慢减少煤炭使用，直到2008年关闭最后一座煤矿。一个类似的故事发生在流经伦敦的泰晤士河。它是世界上污染最严重的河流之一，1957年，它从生物学角度被宣布死亡。经过清理以后，今天它充满各种野生生物。中国和印度现在正努力应对发达国家在上世纪面对的极端污染。

学生们应该研究为什么国家工业化会产生如此多污染，这又如何导致了人民向政府施压去应对污染。这个简单的负面反馈环在世界上非常普遍。学生们也应该调查哪些新污染（如二氧化碳）在产生，从而制定计划来应对这些新问题。

物种灭绝

生物学家威尔逊（E. O. Wilson）（2003）估计，如果当前人类对生物圈的毁灭速度保持依旧，地球上一半的物种在100年后将会灭绝。自从人类在地球上诞生以来，他们就一直在杀害动物。人们到达南美洲和北美洲以后不久,许多大型动物就已经消失了。马、骆驼、熊、狮子、猛犸象、乳齿象的许多种类都被淘汰了。我们现在依然没有收敛。事实上,我们现在正在因为砍伐雨林而杀死许多植物物种。

学生们应该研究哪些物种处于濒危状态,哪些物种已经为人类所摧毁。他们可以调查哪些人类行为导致了灭绝,正在采取哪些措施去保护物种,取得了哪些成功的经验和失败的教训,以及如何在保护不同物种之间达成平衡。他们也可以制定保护一些濒危物种的计划。

气候变化

学生们应该研究地球气候的历史以及使地球变暖变冷的因素。气候历史可以从格陵兰岛和在南极洲浮冰中钻探的冰芯内读出来(Stager,2011)。对大多数行星的历史而言,地球相当温暖。恐龙繁衍在一个比今天更温暖的世界中。在最温暖的时候,二氧化碳水平更高,海平面比今天高200英尺。从大约3 000万年前开始,二氧化碳水平降低,导致200万年前冰川时代的开启。在那段时间,冰川长时间不停奔袭肆虐,覆盖了欧洲和北美的大片地区,包括今天美国北部的地区。后来因为间冰期内冰川开始后退,这些事件才短暂停滞下来。我们目前生活在始于11 000年前的间冰期内,化石燃料燃烧和大量释放的二氧化碳与甲烷,会阻止冰迅速回到冰川时代。

学生们应该调查,温室气体如何使得地球变暖,变暖对海洋产生的不同副作用,以及控制气候系统的反馈环。他们可以预测大气中不同水平的二氧化碳如何影响海平面,上涨的海平面对全世界生活方式有何种影响。他们也可以调查,可以采取哪些行动来减轻气候变化的影响,哪些影响是不可能减少的。

学生应该了解哪些经济问题？

理解经济学对做出明智的政策决定以及管理自己的个人财务是很重要的。因为这个原因，我认为除了环境科学和健康科学以外，让生活在复杂社会的任何人理解经济学是很重要的。和环境科学一样，在经济学中，因为反馈环和激励之间的复杂交互，世界面临着许多需要系统思维的严重问题。下面讨论的都是学生应该调查的重要问题。

衰退、萧条、泡沫和兴旺

如果学生需要从领导者那里得到明智的政策决定，他们就需要了解商业循环和经济繁荣与萧条的相关知识。关于经济的误解很常见，事实上，许多政治家不理解基本的经济学知识，如货币供应如何波动。政治家和民众关于这些问题总体上需要得到更好的教育。因此，我们需要更好地培养学生去理解经济系统如何运作。

弥尔顿·弗里德曼（Milton Friedman）在1976年获得诺贝尔奖，部分是因为他关于20世纪30年代大萧条起因的研究。他发现，从1929年华尔街股市崩盘到1933年，流通货币数量下降了27%。这个巨幅下降导致1933年的失业率超过20%（Friedman & Schwarz，1963）。货币供给的下降是由银行经营不善引起的，银行通过吸收存款，然后基于这些存款把钱借出去，来创造钱。大萧条中银行和它们贷款的清算颠覆了这个后果，给全世界的经济造成了巨大损害。是什么引发了1929年大萧条，正是这方面的相关知识，使得政府在2008年的经济衰退中采取步骤，阻止了金融机构和货币供应的崩塌，从而避免了另外一次萧条，可见学生们需要学会保护金融机构是多么重要。

学生们也需要理解通货膨胀的原因。在经济兴旺期间,人和企业对未来都很乐观。因此人们贷款去购买货物,比如汽车和房子,企业也贷款,进行投资增加生产。当企业的产品需求旺盛的时候,它们就会提高价格,当价格上升时,工人们就需要薪水上涨,这样他们才能付得起上涨的物价,通货膨胀就这样产生了。当企业提高物价去支付更高薪水,而工人需要更高薪水去支付更高的物价时,这就导致了正面的反馈环。为了打破这个环,中央银行提高利率,这经常导致衰退。学生们应该调查,政府如何通过改变利率来控制通货膨胀率。

历史上的经济泡沫都是定期出现的。最著名的一次于17世纪30年代出现在荷兰,当时郁金香刚刚开始种植,在投机者的推动下价格急剧上升。在郁金香狂热的巅峰时期,一些郁金香球茎价格是熟练手工艺人年收入的10倍。后来泡沫破裂,不可避免地对投机者和整个荷兰经济造成了破坏性的影响。造成2008年经济危机的住房泡沫是经济泡沫如何发生的最新例子。学生们应该调查,各国应该如何采取措施去避免泡沫发生,而不是在泡沫破裂之后再去应对它们。

学生们应该调查萧条、衰退、兴旺和泡沫的起因,以及政府和中央银行是如何应对的。他们应该调查,当时制定了哪些政策去减少经济波动,它们的效果如何。另外,学生们应该调查政府如何能最有效地避免未来的萧条和泡沫。

政府债务

公共债务和个人债务是非常不同的,因此让学生了解两者之间的区别非常重要。人们不得不还清债务或破产,因为它们会造成严重后果。另一方面，政府几乎从来不还清债务，这不是坏事。政府可能会不时减少债务，但总体上，随着国家货物生产的增长，债务会持续增加。

学生需要了解，在衰退和萧条期间，需要赤字开支去抵制货币供应的下降，去缓冲衰退对人们的影响，去帮助经济开始增长。自从20世纪30年代大萧条以来，发达国家已经实施了大量自动反周期机制去缓冲萧条的打击，比如在衰退期间增加失业赔偿，当银行破产后支付给人们存款保险，当收入比支出下降更快时增加赤字开支。

公众不太理解政府债务的功能和危险，这会导致不明智的政策。学生们应该研究不同国家政府债务的历史，以及应对债务危机的措施。他们应该追踪在不同时代政府债务如何不同，什么因素导致了政府债务的增加和下降。他们应该检视各国应对债务危机的政府政策和国际货币基金组织（IMF）的政策。

市场如何运作

供求关系法则对理解经济是很重要的。学生们需要理解市场如何像"一只看不见的手"，引导人们和公司去生产最有需求的货物和服务。他们也应该理解，尽管市场能有效分配努力和资源，但它们没有考虑生产产品的成本，如公司将废物倒进河里的成本。除了环境成本以外，还有一些市场未考虑的成本。当一个公司解雇员工时，因为税收流失和支付失业救济，会给政府增加成本。就经济和社会压力方面而言，它也会给工人增加成本。当公司关闭工厂时，会导致税收流失，增加工厂周围社区的脏乱。因为市场没有考虑这些成本，他们在分拨资源方面只是部分有效率的。政府在修正市场分配资源方面的不足时，起了非常重要的作用。

学生需要调查市场是如何运作的，不同事件如何导致价格和薪水上升或下降。他们需要研究市场考虑了哪些成本和收益,哪些是他们没有认识到的。对于激励措施如何在复杂系统中运作方面,市场起着重要作用,因此对市场功能的透彻理解对做出明智的政策决定非常重要。

激励

正如在第 1 章指出的,英国为了解决因犯在运往澳大利亚途中的死亡问题,会根据到达的健康因犯的数目而不是启航时因犯的数目支付给船长报酬。经济学家根据不同条件下运作的激励措施来理解系统行为。当产生社会问题时,经济学家会让我们询问:我们如何改变激励措施,去获得理想的结果?我们可以通过几个例子来阐释这种问题解决方法。

最近几十年激励明显使用不当的一个领域是不断增加的健康医护成本。之所以出现这种情况,部分是因为健康提供者(医生)根据他们执行的处置程序(比如器官移植和核磁共振成像扫描)获得报酬。这鼓励医生尽可能多地执行各种检查程序,特别是那些能给他们带来更大收入补偿的程序。为了解决这个问题,社会必须找到一种方法,根据病人健康随着时间改进的状况来支付给这些医生报酬。这种激励体系会鼓励医生介入预防性医护,如避免肥胖,尽可能少地使用不必要的昂贵程序。

如果我们对学校和社区学院没有培养学生为工作作好准备这个事实感到忧虑,那么我们也许会考虑改变学校经费拨款的依据。如果对学校的奖励是基于多少比例的学生找到了恰当的工作,多少比例的学生在这些工作中取得了成功,那么学校就会得到激励,去确保学生呆在学校,学到有用的技能,明白雇主对他们的期望。另外,学校会想法与雇主建立关系,为学生找到工作岗位,确保他们的学生满足这些雇主的需要。目前,大多数学校在帮助学生向切实可行的职业过渡这一方面所做甚少。

这些例子说明了社会希望正确使用激励措施时所需要的各种思维。我们需要教学生在应对问题时像经济学家一样思考。学生们需要探究主要的社会问题，制定解决方案，思考如何改变激励结构去改进结果。不幸的是，大多数政治家和选民没有受到训练去那样思考。如果学生们运用激励措施，发展自己提出的问题解决方案，他们就会学会那样思考。

全球化

二战以来，随着把生意扩展到全世界的公司（如苹果手机或福特汽车）的兴起，世界经济全球化出现了稳定增长。这些公司经常把工作转移到薪水更低的地区，如中国和墨西哥。这对各国经济如何运作，并逐渐将财富扩张到全球各个角落，产生了深远影响。

全球化使世界产生了新的动荡。学生们应该调查，全球化如何影响着价格和薪水、工作如何在全世界流动，以及各国如何应对全球化产生的问题。这些问题正干扰着人们的生活，也导致了发达世界的不稳定，因此学生们需要调查应对自己国家全球化问题的策略。通过应对真实世界的问题，学生们开始理解社会必须应对的系统复杂性。

各国的增长率

学生们应该研究自从工业革命以来的经济增长，好理解影响不同经济体成功的因素。一直到工业革命，各经济体增长速度都是可以忽略不计的。战争经常爆发，抵消了任何经济的发展。

英国的工业革命见证了许多技术发明的繁荣兴旺，产生了许多能源工具，比如蒸汽机和火车。这使得英国自1800年以来每年经济平均增长率达到1%。从19世纪开始，美国开始学到了英国技术进步的秘诀。1810年，美国商人弗朗西斯·卡伯特·洛厄尔（Francis Cabot Lowell）在对英国的一次访问中,记住了英国动力织布机的工作原理。他把这个知识带回美国,在美国开设了第一家纺织厂。

但美国人从英国偷窃的不仅仅只有纺织厂。他们还偷到了创新这个理念本身。美国产生了许多创新者,如托马斯·爱迪生和亨利·福特。爱迪生在新泽西州建立了一个创新实验室,这是世界上第一家工业研究实验室。由于美国丰富的自然资源、不断增加的移民、人们的企业家精神以及他们的技术创新,美国从19世纪60年代开始,平均增长率达到大约2%。美国的巨大财富是建立在150年增长的基础上的。当然,美国在两次世界大战中几乎毫发无损,这也对其经济增长帮助很大。

二战以后,美国建立了很多机构,进一步支撑了国家的经济增长。联邦政府成立了很多机构,来支持大学和国家实验室的研发。这导致大型研究型大学的增加,研究者和他们的研究生得到资助,进行研究,研发出了新产品和服务。很多大学产生了企业家,开办了自己的企业。例如,斯坦福大学催生了硅谷,麻省理工学院催生了许多波士顿地区的公司。风险投资公司在这些地区如雨后春笋般地涌现,为这些大学所产生的初创公司提供资金。研究型大学也吸引了很多聪明的外国学生到美国。事实上,移民在创建硅谷的很多公司时起到了重要作用（Saxenian,1999）。

20世纪40年代后期,日本吸收了许多美国制造技术去发展日本经济。从1950年代初到1990年,日本平均年增长率达到7%。这个高增长率之所以可能,一是因为这个国家把其收入的很大部分用于投资,建造新的工厂、生产设备和产品,同时也因为他们在拼命"赶超"。也就是说,他们生产的产品都是别的地方首先开发的,但他们能用低廉的薪水使他们生产的产品更便宜。日本的增长在20世纪90年代明显趋缓,因为这个国家已经"赶上来",成了一个发达国家。

一些亚洲国家和地区,比如韩国和中国大陆以及台湾地区,采纳了日本的增长模式。在 1980 到 2010 年间,中国实现了令人难以置信的年均大约 10% 的高增长率,远超美国大约 2%—3% 的年平均增长率。从某种衡量标准看,中国最近在国民生产总值(GDP)上超过了美国。但是中国的人口是美国的 4 倍,因此中国人只有美国人 1/4 的富裕程度。

2000 年以来,发展中世界的许多国家已经有了很高的增长率,年增长率达到了 5%—7%,甚至非洲也是如此。印度从 20 世纪 90 年代早期以来,一直以这个速度增长。看起来日本提供了一个全世界很多地方都能模仿的强劲模式。要维持这些高增长率,要求政府能良好运作,聚焦增长,避免战争。

总之,学生应该了解,有很多因素影响着各国的经济增长。这个简短回顾中发现的最关键因素包括发明和创新;面向研究、投资和教育的投资花费;注重发展经济的良好政府;避免战争;面向创新的企业家精神和财政支持。学生应该调查影响各国增长速度的因素,预测全世界不同国家的增长趋势。他们接下去就能调查,在接下来的这些年中这些趋势将如何影响财富和权力。

走向培养全球性世界公民的教育

即使大多数学生不会从事科学方面的职业,所教的内容与他们的生活没有关系,但学校依然聚焦于物理、化学、生物和地球科学等"硬"科学。我想说,这个重点总体上放错了位置,因为学生在这些学科中所学的东西对他们做出明智的政策或个人决定不太有帮助。如果你想在这些科学中追求一门职业,那么这些主题就很重要,但不是对大多数人,因为很多人会忘记他们在科学课中学习的绝大多数东西。

在本章,我着重谈到了经济学、环境科学和系统思维。第3章强调的是医疗科学,在第6章,我将重点探讨理解数学和科学思维的基础。这些主题与大多数人的生活更相关,涉及物理科学、生物科学和社会科学的结合。美国和其他地方的高中轻描淡写地对待它们,尽管环境科学正开始在课程中立足。

为了让学生参与科学的学习,他们从事的项目和探究的问题应该解决社会中的严肃问题。这不仅会使学习科学知识变得更有吸引力,而且使学生很清楚地认识到为什么研究科学很重要。许多不同的社会问题需要科学理解,比如如何养活不断增长的人口,如何减少肥胖人口治疗的成本。这就是学生应该在学校里探究和应对这些问题的原因。

第 6 章　数学和科学基础

基思·迪韦林（Keith Devlin）在其《数学思维入门》一书中说道："许多年来,我们越来越习惯于这个事实——工业社会的进步要求有数学技能的劳动力。但如果你仔细思考的话,就会发现这些技能分成两种类别。第一种类别包括那些被给予一个数学问题后就能找到其数学解决方案的人。第二种类别包括那种能够应对新问题,比如说制造业中的问题,从数学角度发现和描述问题的关键特征,运用这种数学描述去精确地分析问题。在过去,对第一种类型的员工需求量很大,第二种类型的人需求很小……但在今天的世界中,公司必须持续创新才能生存下来,需求正转向第二种数学思维者——转向那些能跳出数学的条条框框的束缚去思考的人"（2012：8）。

正如迪韦林所清晰陈述的,数学思维比以往更重要,然而数学课程依然强调运用当今技术可以执行的算法,去解决定义良好的问题。考虑到对迪韦林所说的第二种类型的人的需求,学生的时间可以更好地花在如何运用数学工具去界定和解决真实世界的问题,而不是学习如何模仿一些计算机能比人类更好更有效执行的算法。事实上,理解如何恰当运用计算机工具需要比执行算法思考更多。学习第二种类型的技能应该成为数学教学的新议程。

托尼·瓦格纳(Tony Wagner)(2008)在其所著的《全球成绩差异》一书中,对学校数学课程包含的大多数内容提出了质疑。他尤其质疑的是,在大多数人离开学校以后从来不用代数的情况下,为什么还如此强调它。他指出,"人们最近对麻省理工学院的毕业生进行了调查,调查的是这个受过技术训练的群体在工作中最常用到的数学……绝大多数人报告说只用了数学、统计学和概率"(2008:92)。我想说他们很可能也用到了自己关于不同种类函数的基本理解。在对科学家进行研究时,我发现他们谈论线性函数、指数函数、生长函数、渐进函数,以及统计学思维中常见的各种分布(Collins,2011)。

理想情况下,学生在学校中能学会如何将世界中发现的情况数学化(mathematize)。为了将一个情况数学化,有必要形成一个问题,决定测量什么,然后决定如何表征所收集的数据。例如,某位学生可能想知道她的时间花到哪儿去了,她是否能更明智地花费时间,那么她就可以选择记录下她在每一个活动上面花费的时间,然后就能断定她是否花了太多时间玩视频游戏。她接下来也许会在开始玩游戏时设定一个闹钟,到了时间就能提醒她。这是一个人们能从数学角度分析各种不同情况的例子之一。

重思数学和科学课程

数学和科学基础对我们在复杂社会中所做的每一件事情都很重要。最近几年,全世界的政府投入大量资源,培养学生为科学、技术工程和数学方面(所谓的 STEM 学科)的职业作好准备,因为政府现在发现这些领域对他们国家的未来繁荣至关重要。STEM 学科是大多数发明和创新的基础,而正是这些发明和创新支撑着一个正在发展的经济。它们是让人们关于复杂问题做出明智决定的学科。在工业革命之前的更简单时代,人们要做出明智的个人和公共决策,不需要对数学和科学有深刻理解,但随着世界的技术复杂性增加,这些决定已经变得更加困难。

知识在因特网上的轻易可得性已经极大地改变了所要学习的科学方面的重要内容。过去,人们不得不记住很多信息才能做出明智的决定,正如医生为了做出精确诊断所要做的那样。但随着知识变得易得,人们能尽可能多地依靠外部记忆力去帮助他们,医生就是这样利用 IBM 公司的计算机程序 Watson 进行医疗诊断的。基本技能不再是记忆,而是知道如何科学推理,进行调查去回答重要问题,分析搜集的数据。换句话说,学生需要发展新的学习技能,而不是获得更多信息。

计算机也给了我们新的方法去示范和表征关于世界的知识。学校面临的挑战是将重点从记住科学事实转向用数学和科学方法调查有意义的问题。下面,我将讨论数学和科学的关键观点,它们应该成为 STEM 教育的新重点。

为了学习如何将各种情况数学化,进行科学思考,学生们需要调查世界上的真实问题。在前面几章中,我已经提出了学生可以从数学和科学方面进行调查的很多问题。例如,学生可以调查股票价格和价格收益比例如何随着时间而变化。同样,他们可以研究世界人口、二氧化碳水平和栖息地毁灭情况如何随着时间流逝而变化,以及它们是否关联。在健康领域,他们可以研究不同年纪死亡的主要原因,以及如何避开死亡发生的各种原因。通过他们自己的调查,学生们会更深刻地理解社会在 21 世纪面对的问题。

关于数学基础，学生应该了解什么

数学的各种关键观点由于课程强调学习运算和解决良好界定的问题而遗失了。这里，列出了一些我认为对现代世界的数学思维很重要的观点。

变量

在代数中，x 和 y 被用来表征变量，但科学家以更丰富的方式来思考变量。他们把变量看成系统性变化的数量和质量。也许关于变量最常见的误解是，它们必须是数值型的。当《消费者报告》评估汽车的时候，它要看待许多不同的参数——有些是数值型的，但很多不是。例如，关于汽车乘坐与操控的判断从本质上说是质性参数。你可以要一群驾驶员在一个 1 到 10 的量表上评价汽车的乘坐与操控，从而把这些质性判断变成数值型参数。但在这样做的时候，关于乘坐与操控的很多质量信息都遗失了，这有点像评价电影时，如果仅仅用打几颗星进行评价，那么电影质量的信息就会遗失一样。

学生应该了解三种常见的数值型参数的集中量数——均值、中位数和众数——之间的差异。想一下 Digiflop 公司的薪水，因为管理人员挣高额薪水，他们的薪水会拉高平均值，这使得均值不能代表绝大多数工人所挣的钱。当有一个偏态分布时，中位数薪水是更好的测量，比如公司的薪水。众数薪水很可能比中位数更低，因为公司通常有很多工人只能挣到最低的薪水。

学生们需要应对涉及使用变量和集中量数的各种问题。例如，他们可能进行不同产品和活动的消费者分析，比如教育游戏和暑期工作，考虑产品或活动不同时的不同质量，使用数学工具来评估产品和活动。这会帮助他们以数学化的方式学会对在世界中遇到的现象进行分析。

图形

绘图在将问题数学化和表征问题时非常重要。绘图使伽利略看到物体下落的距离与它速度变化之间的关系。制作和解读图形很难学会,然而对理解高度技术化社会中的科学和公共政策问题的许多话语非常重要。

学生们应该学会至少四种通常用来表征数据的图形:折线图、柱状图、饼状图和散点图。折线图对绘制时间序列数据上的趋势和循环尤其有用。他们取决于在两个轴上有连续的比例,柱状图对展示不连续的类别集上的数量是有效的。例如,我们可以为每一种植物用一根单独的柱子绘制植物的高度。饼状图可以用来表明一个整体的不同部分的相对面积,散点图对于调查两个连续的变量如何交互非常有用。这些图像是发现变量之间模式的一个起点,是科学探究的一个重要工具。

当学生们把世界上的不同现象数学化的时候,他们应该绘制许多图形。例如,他们可以绘制不同国家的人口、出生率、犯罪率;全世界的 GDP、股票指数和民主传播的长期趋势;几千年来海平面的变化;不同国家心脏病和癌症的比例。他们可以用散点图看待变量之间的关系,比如年龄和心脏病、枪支拥有权和杀人罪、教育程度和增长率,以及对个人和社会决定有意义的其他变量。让学生学会使用 TinkerPlots 这样的绘图程序,去建构他们感兴趣的不同现象的动态视觉呈现(Lehrer & Schauble,2006),这非常有用。

函数

科学中一个中心的关注点是如何预测未来会发生的事情。为了做到这一点,我们制定了公式,来计算不同情况下会发生的事情。这些公式中著名的例子是 D = rt 和 a = F/M（或 F = ma）。第一个公式意为：行驶距离是速度乘以时间的直接函数。第二个公式是牛顿第二运动定律，意为：一个物体的加速度是所用的力的直接函数与一个物体质量（或重量）的反函数。电子表单是一种在计算机上表征公式，轻松计算不同输入数值的输出量的方式。

学生需要明白，函数是用任何一套输入值产生一套输出值的公式。输入变量被称为自变量，输出量被称为因变量。许多常见函数只有一个输入变量，能够很容易地在一个二维图形中表征出来。例如，一个线性函数（y = mx + b）在图中形成一条直线，而 m 是这条直线的斜率，b 是 y 截距（即直线穿过 y 轴时 x 的数值）。如果 Chris 有一个银行账户，里面有 20 美元，她决定每个月增加 5 美元，她的银行账户存款（BA）会根据函数 BA = 5n + 20 而增加，n 是她存钱的月份。线性函数是生活中常见的一部分。

学生应该理解的一个非常重要的函数是指数函数。许多情况都会涉及到指数增长，比如计息资产和一个国家 GDP 的增长。指数函数表征的是一个恒定的百分比增长率。投入计息资产的金钱最初增长缓慢，但随着利息积累和资本数值增加，它增长得越来越快。这就是为什么让学生们年轻时省钱，让他们能收获自己积蓄的指数增长带来的好处，是很重要的。

如果学生们研究植物的生长或社会中新产品的扩张，他们将遇到正常增长函数。许多自然增长过程遵循着 S 型曲线，比如花儿的生长。增长开始时很慢，接着呈指数加快增长速度，然后慢慢减缓速度，抵达渐近线。渐进函数在表征许多自然现象时非常常见。只要出现天花板效应和地板效应[1]限制进一步的增长或下降时，它们就会出现。

---

1 当要求被试完成的任务过于容易，所有不同水平（数量）的自变量都获得很好的结果，并且没有什么差别时，我们就说实验中出现了天花板效应或说高限效应。当要求被试完成的任务过于困难，所有不同水平的自变量都获得很差的结果，并且没有什么差别时，我们就说实验中出现了地板效应或说低限效应。这两个效应都是在实验设计中应避免出现的。——译者注

88　　　学生们还有可能遇见的另外一种函数是正弦函数,它会形成一条均匀的波浪线。音乐中的纯音形成正弦波,根据曲调的音高,每秒钟在频率或周期上都有变化,称为赫兹。更高的曲调有更高的频率。泛音(overtone)是高频率的正弦波,在乐器上演奏绝大部分曲调时都会有泛音伴随。

　　学生们应该研究世界上有哪些现象包含了线性函数、指数函数、正弦函数和正常增长函数。他们应该为这些现象绘制图形,基于绘制的曲线做出预测。这些都是科学家和数学家用来描述现象的最重要函数,学生们应知道如何使用它们。

统计学

　　为了绘制不同现象的图形,进行统计学测试,学生们需要了解分布。当有某种特殊变量的数值分布时,比如学生某次考试中的分数,那么数值就有可能成正态曲线(参见图 6.1)。一些正态分布差异不大,比如一次容易考试中的分数,而其他的,比如某次困难考试中的分数,很可能差异更大。因此,一次困难考试的分数曲线比容易考试的曲线更加分散。分布围绕着该

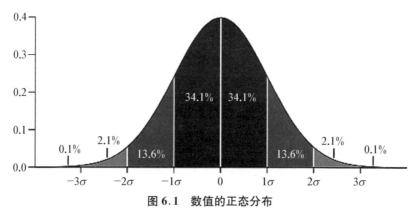

图 6.1　数值的正态分布

改编自 M. W. Toews(http://commons.wikimedia.org/wiki/File：Standard_deviation_diagram.svg)。该图得到 Creative Commons 授权。

分布的均值 μ 分散的程度可以用标准差 σ 表示。

从图 6.1 中可以清楚看到,在一个正态分布中,超过 68% 的分布位于平均值的一个标准差之内,超过 95% 的分布在两个标准差之内,超过 99% 的在三个标准差之内(或者说具有三个 sigma 能力)。在制造过程中,公司经常努力将产品的缺陷率保持在 6 个 sigma 以下。一个 6 sigma 过程,就是指制造的 99.999 999 8% 的产品从统计学角度看是没有缺陷的。

学生们很可能也会遇到其他的分布。当你摇色子的时候,均匀分布(uniform distribution)就出现了,1 和 6 之间的任何数字出现的机率相等。如果你反复抛硬币达到一定次数,就会出现一种常见的分布,即二项分布(binomial),表征硬币正面或反面出现的次数。这种分布的形状与正态曲线非常相似。泊松分布(Poisson distribution)表达的是事件出现在固定时间间隔中的概率,比如每天到来的邮件。期望的平均数量越大,它看起来就越像一个正态分布。

另外一个常见的分布是幂次分布(power law),描述许多不同现象在世界上的分布方式,比如城市的规模和词汇的频率。少数城市很大,而大多数很小。一些词汇使用非常频繁,而大多数都不频繁。例如,在英语中,最常见的词 the 出现频率是第二常见词 of 的两倍,是第三常见词 and 的三倍。幂次分布遵循着二八理论,如 20% 的城市有 80% 的人口。大多数例子(如城市或单词)都属于"长尾"("long tail")[1],延伸到分布的右边。对这种分布而言,中位数比平均值更能表征城市规模和词汇频率,因为平均值会被少

---

[1] 长尾理论,是美国《连线》杂志主编克里斯·安德森 2004 年提出的与"二八理论"相对的理论。二八理论指商家主要关注在 20% 商品上创造 80% 收益的客户群,而忽略了那些在 80% 商品上创造 20% 收益的客户群,而这不被关注的 80% 就是长尾,在二维坐标上呈现为拖着长长尾巴的需求曲线,因而得名。安德森认为,网络时代,不被关注的冷门产品可汇聚成与少数热销产品相匹敌的市场能量。——译者注

数大城市和高频词歪曲。学生们需要理解，并不是所有分布都是正态的，并应该知道如何使用其他几种分布。

统计分析在公司和科学家分析数据时非常常用。学生们需要理解足够的统计学去对他们所做的实验进行统计测试，评估他们在公共话语中遇到的各种声明。学生也应该绘制各种现象的分布，去理解哪些现象伴随哪些分布模式。下面，我将讨论科学家如何从实验中分析数据从而得出关于这个世界的结论。

相关性

因为许多论点是基于相关性的，因此让学生们理解相关性数据的优点和局限非常重要。当两个变量相关时，他们经常通过某种方式进行因果关联，但并不总是如此。有一个著名的例子讲的是针对女性的激素替代疗法（HRT），它被发现与患心脏病的低几率相关。这使得医生们多年来把HRT推荐给更年长的女性。在后来进行的随机测试中，一半的被试采用HRT方法治疗，一半的被试采用无效对照剂。测试结果表明，HRT事实上显著增加了患心脏病的几率。这种随机测试是断定因果关系的黄金标准。对两种结果差异调查的研究表明，接受了HRT治疗的女性以前来自更富有的人群，她们更可能参与健康的饮食和锻炼，这就降低了患心脏病的可能。因此更低的心脏病患病率与HRT之间的相关是基于一组有偏差的女性样本的。对相关性数据的错误解读屡见不鲜，因此学生们应该询问，是否有其他因素可能导致了一种伪关系。

即使两个变量之间存在因果关系，也不太清楚这种因果关系运作的方式。例如，假定孩子自己判定的幸福度与他们在学校的表现存在相关性。也许幸福的孩子不用担心太多，可以把精力聚焦在学业上，也可能是在学校里表现优异的同学得到了精神上的奖励而使他们感到幸福。两种情况都有可能,两个变量事实上也可能相互影响。还有可能存在另外一个因素,比如家长的财富,既影响他们的幸福度,也影响他们在学校中的表现。我们不能从相关性数据判断在这样一个案例中因果关系是如何介入的。

学生们应该分析并绘制他们感兴趣的不同变量之间的相关性,去了解相关性如何变化,以及相关性证据的优点和局限。他们可以绘制相关性数据的散点图,绘制回归线,以数学方法计算相关性。许多公共领域的政策辩论都基于相关性证据,学生们需要能够评估这些论据,做出明智的决定。

从统计学中做出推论

因为所有测量都涉及到错误,学生们需要学会如何评估自己实验结果的置信度。他们也需要理解科学家如何分析实验去得出结论,比如某种特定药物是否有效。假定一位神经科学家将一种被认为能改进记忆力的药物分配给随机抽样的 100 名被试,将无效对照剂给另外 100 名被试。然后进行记忆力测试,看每位被试能记起多少词条。假定被给予药物的小组平均能从 40 个词条中回忆起 25.7 个,而被给予无效对照剂的小组只能平均回忆起 22.4 个词条。尽管两个群体的平均数不同,但不同被试的测试分数有重叠。这样,该测量问题就是这个差距是偶然发生的,还是药物效果引起的。科学家已经开发了统计学测试去决定这些问题。学生可以输入实验的条件和收集的数据,用计算机程序去进行统计测试。

有时候,在某个特定实验中,会操纵两个或更多变量。这种实验要求方差分析(analysis of variance)。假定在上面描述的药品实验中,我们将男性和女性分开对待,看这种药品对两类性别的人群是否有相同效果。我们也可看待三种年龄人群——比如说 15 岁、25 岁和 35 岁——的效果。年龄和性别会成为被试间变量,因为我们需要不同群体的被试来满足每一个条件。我们也可决定把药品和无效对照剂条件看成是被试内变量,在不同日期对相同被试测试这两种条件下的效果。我们可以抵消任何顺序效果,一半被试先给无效对照剂,另外一半先给药物。我们也可以控制其他变量,比如收入,去防止出现伪结果。在这个研究中,年龄、性别以及药物和无效对照剂都是自变量,记忆测试中的分数是因变量。

我们可以展示无效对照剂条件和药品条件下不同群体被试在回忆词条中的平均改进情况,从而表征实验的假设结果,如表6.1所示。

表6.1 运用药品后的平均改进情况

	年 龄			平均值
	15	25	35	
男 性	2.0	2.1	2.2	2.1
女 性	1.8	2.3	2.5	2.2
平均值	1.9	2.2	2.35	2.15

学生们应该针对他们关心的现象进行实验。例如,芭芭拉·怀特让中学生进行实验,看音乐如何影响学生解决数学问题的能力。同一个班级在不同的日期,在有音乐或没有音乐的状态下,在固定时间段内完成难度相当的几套数学题。结果表明,在有音乐的情况下,学生们解题情况比没有音乐的情况下更差,这个结果让学生们感到很惊愕。他们对结果进行统计学测试,来确定这个差异是否显著。在这个实验中,他们学会了如何利用统计学来更好理解各种现象。

当学生们学会将世界数学化以后,他们经常发现数据中有一些让人惊讶的模式。这些模式导致进一步的探究,以揭示这些模式背后的原因。这是科学探究和发现的一个基本方面。它是基思·德夫林所归结的属于第二种个体的过程，这种人寻找世界上他们可以理解的模式，而不是仅仅做一些常规工作。这些人能经常找到更好的方法去完成工作或找到独特的解决方案。正是他们的好奇心才使得工业革命变得可能，使未来的创新变得可能。

关于科学基础，学生应该了解什么

学生需要了解科学过程的基本知识去分析问题，理解政府政策中常见的观点。科学是一个重复迭代的过程，社会针对世界如何运作的理解慢慢汇聚。为了解释不同的现象，科学家创造理论和模型，运用逻辑和证据来为它们进行辩护，其他科学家经常试图用相反的理论和证据来反驳这些观点。这个提出观点和进行观点反驳的过程一直持续，直到双方针对哪个理论最好地反映了目前收集到的所有数据达成共识为止。有时候，这种共识后来会被推翻，因为有新的证据出来破坏以前的共识，就如爱因斯坦的相对论对牛顿提出的时间和运动的共识进行了修正一样。

学生们应该把科学探究看成是一个在理论和证据之间摇摆的过程，研究者开发和检验备选的科学模型和理论。最终目标是创建一个模型，发展证据去支持这个模型，从而使其他研究者相信这个模型的优点。这种科学探究观反映，绝大部分科学分属两个阵营：理论主义者和实证主义者。理论和实证调查构成了科学的两极，研究问题形成了两极之间的一个桥梁，两种对立的观点关于研究问题的答案产生备选的假设，然后这些假设通过实证调查进行测试。分析和综合构成了两极之间的另外一座桥梁，通过提供方法从调查中表征和解释数据，这样数据就和这些相互对立的理论关联起来，综合出一个新的"最好理论"。

科学的这种探究循环镶嵌在研究文章的标准形式中——即把文章分成

引言、方法、结果和讨论几个部分。引言部分将调查与现有理论关联起来，引出调查要解决的研究问题和假设。方法部分描述这个调查怎么进行。结果部分描述数据分析和发现。讨论部分将分析带回现有理论，以及它应该如何基于这些发现被修正。因此，这个探究循环深深扎根于科学的文化之中。

在下面四节，我将按照四个组成部分描述科学知识：(1) 理论和模型；(2) 形成研究问题和假设；(3) 设计和执行调查；(4) 数据分析和综合。学生们在不同领域进行调查时，需要理解这些不同部分。

理论和模型

科学模型是科学家创造去捕捉世界上各种现象具体方面的表征。在不同的科学模型中能找到反复出现的模型或形式（Collins & Ferguson,1993; White, Collins, & Frederiksen,2011）。模型的一些不同形式包括约束方程、阶段模型、层级结构和系统动力模型。学生们应该学习如何在这些针对性结构（我称其为模型类型）以及指导模型建构的过程（我称其为建模策略）的引导下进行现象调查。

在学校里，学生们经常参与最基本的建模策略，比如决定某个过程的阶段或分析趋势。任何探究都可或多或少系统性地进行。例如，如果学生比较两个现象，要做到这一点的一个简单方法是列举每一个现象的特征。这是最简单的比较——对比策略。最后得到的两个清单会让人们理解两个现象如何相似，如何不同。这种策略的一个更具约束性的形式是选择一套维度，这套维度能适用于被比较的两种现象，然后在每一个维度上填入这两种现象的数值（关于维度和数值的例子，参见下面的阶段模型描述）。

在接下来几节，我将描述三种不同的模型：(1) 分析现象结构的结构模型；(2) 分析现象的因果或功能方面的因果和功能模型；(3) 描述现象的动态行为的行为模型。学生们需要了解最常见的模型类别，以便分析前几章讨论的各种问题。

结构模型。最简单最常见的模型描述的是一个系统的结构。在这些结构性模型中，空间分解是解剖学或电路图中发生的分析。目标是把一个实体分解成一套不重复的部件，并详细说明每个部件之间的关系。这套约束条件包括覆盖整个实体，具体说明联系，并在适用的情况下，详细说明该联系的本质。联系有时就是接触点，正如电路中那样，或者它们会更复杂，正如解剖学中那样。学生们可以建构一个对身体的各个系统以及它们如何相互联系的结构模型。

时间分解或阶段模型在历史分析、心理分析和质性状态刻画的任何过程的分析中很常见。最简单的阶段模型是一个按照下面约束条件——几个阶段一个接一个按顺序不重叠地跟随——而建构的清单。在阶段模型的更复杂版本中，如图6.2所示，每一个阶段都有多个特征；另外，这些特征可以

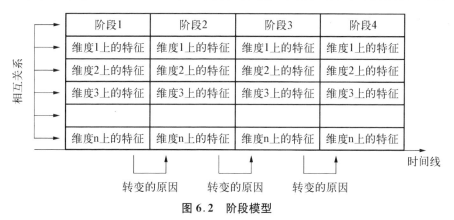

图6.2 阶段模型

来源：Collins & Ferguson(1993)。

根据一套维度进行排列。举一个简单的例子。第一个阶段表现的是一个男孩在睡午觉之前很生气很疲倦，睡过午觉之后就很高兴充满活力。这些变量之间的相互关系可以被详细说明（例如，精力决定情绪），从一个阶段向另一个阶段转变的原因可以详细说明（例如，睡午觉可以增加精力）。最后的这四个约束条件（多重特征、详细说明的维度、详细说明的相互关系、转变原因）都是某人在建构阶段模型时可能使用的所有备选限制条件。学生可能建构一个关于人的生命的阶段模型，颇像莎士比亚在《皆大欢喜》（*As You Like It*）中所做的生命演讲中所建构的七个阶段。

　　成本—收益分析是社会和经济政策分析中的一个特殊的比较和对比案例。成本—收益分析中所比较的东西都是备选的行动路线，要求人们首先找到所有可能的行动路线（满足覆盖这个约束条件），然后试图找到每一种备选方案的所有成本和收益（或正面和反面）。这也涉及一套维度，比如时间、努力和金钱，备选方案在这些维度上进行比较。详细说来，找到所有可能的副作用，找到社会以及个人影响，找到可能的反作用和协同增效作用，是很重要的。高中学生可以针对拥有汽车或在家附近上大学进行成本—收益分析。

　　对最原始要素的搜寻驱动着物理科学的历史。古希腊人认为所有事物都是由土、空气、火、水这四种要素组成的。化学后来产生了92种自然要素，当原子被发现后，人们要断定组成原子的基本要素，比如电子、质子、中子。目标是将一套现象（比如物质或行动）概括为少量原始要素的组合（参见图6.3）。这套原始要素覆盖的所有现象在这种努力中尤其关键。另外一个约束条件是具体说明这些要素如何组合产生每一个现象。学生会努力建构人类情感的原始要素模型。

　　树状结构或层级分析人们都很熟悉。它用于许多种分析，比如对植物

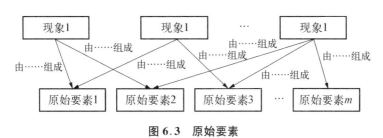

图 6.3　原始要素

来源：Collins & Ferguson(1993)。

和动物进行分类。层级中的约束条件是这些要素必须被分解成相似类型的子系统(满足相似这个约束条件)。这些种类的层级渗透了生物学和社会科学,因为进化过程自然产生树状结构。因此,人们很容易到处寻找它们。

一个约束更紧密的分析形式是向量叉积分析(cross-product analysis)。最著名的例子是化学元素周期表。正是制作这个表,才发现了未被发现的元素,最终理解了分子的原子结构。但把任何一套元素分解成以一套维度为特征的排列是可能的。例如,学生们能根据媒介(空气、陆地、冰等)和推动力形式(发动机、帆等)来对交通工具进行排列。维度可以是持续或分离的,表中的空格可以多倍填充。但就如原始元素一样,覆盖所有情况是向量叉积分析的关键约束。

学生们可能会用结构模型分析不同问题。例如,他们可以运用成本—效益分析来分析不同能源。他们可用层级分析来分析不同种类的恐龙或政府类型。他们可以建构人类社会如何演进的阶段模型。学生们可以使用结构分析来分析任何感兴趣或重要的问题。

因果和功能模型。要分析为什么各种现象会出现,学生们要学会建构因果和函数模型。在因果模型中,关键事件分析出现在历史分析和各种排障中(当查找坠机和爆炸的原因时,这被称为关键事变分析)。这种分析聚焦于某个特别的事件(比如坠机或印刷机的发明)。它试图识别导致关键事件的事件或原因,或者从关键事件引出的一套结果。高中学生可以分析交通事故,去找到每次事故的不同原因。

因果链分析是关键事件分析的一个变体,它假设一连串事件中的每个事件会导致下一个。它经常被用于建构事件的顺序模型。例如,地震引起一座桥梁颤抖,导致有缺陷的钢梁塌陷,造成了一个鸿沟,让很多汽车掉了下去。这个分析把激发事件或起因与导致这些后果的激发事件所需的前提条件(例如缺陷钢梁)区别开来。这个分析把世界上的连续事件流分割成了因果关联的一连串事件。导致第一次世界大战的事件链就可以成为一个让学生去建构的有趣模型。

问题中心的分析在整个历史进程以及人类目标和行为最重要的主题领域中经常被发现。这个分析的最简单形式是把一个事件流分成问题和解决问题所需的行动。这些行动导致主要结果和副作用。副作用经常表征出要解决的新问题。正如一位哲学家曾经说过的那样:"问题的主要原因是解决方案。"

多因素分析是分析系统中因果关系的另外一个常见方式。它在心理学和医学中尤其普遍,但也常见于难以找到因果关联事件链条的许多其他学科中。在多因素理论中,变量(被称为因子或自变量)在一个树状结构中关联起来。如果一套因素在对因变量产生所需的值时都是必需的,那么这棵树的树枝用"和"关联起来。如果这些因素中其中任何一个都能对因变量产生想要的值,它们就用"或"关联起来。图 6.4 所示的是我以前的一位学生所建构的一个多因素分析。

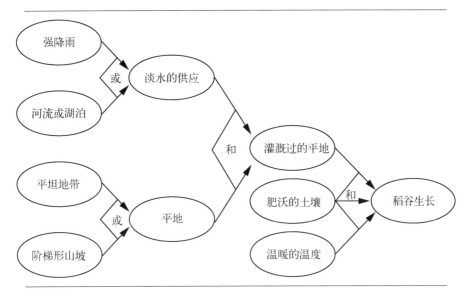

图 6.4　一位学生对影响稻谷生长的因果因素的分析

来源：Collins & Ferguson(1993)。

形式和功能分析根据探究领域涉及不同的结构，比如机械力学或生物学。一个人可根据功能、结构和机制去分析物理设施（比如汽车发动机）的运作。功能是设施（比如活塞）所实现的目标。结构是由实现这个功能的设施的不同部件组成的。机制是该结构实现这个功能的过程。在生物学中，功能由各种能力组成，如飞行或潜近，使动物能执行他们的行为，比如捕猎。特征，比如翼，是使动物能执行它们功能的结构形式。机制描述的是双翼这样的特征如何使鸟类能够飞翔。让学生建构生物或机械系统的形式和功能分析，这是一个很好的练习。形式和功能分析在描述复杂系统时非常普遍。

学生们应该建构各种因果和功能模型去强化他们对模型建构及其背后的因果过程的理解。例如，他们可以建构一个温室气体如何使地球变暖的模型,他们可以建构一个利率上升如何引发经济变缓的模型,或者他们可以建构一个抽烟如何引发肺癌或心脏病的模型。建构这些模型会帮他们深刻理解那些影响他们生活的问题。

行为模型。在行为模型中,系统动力模型越来越常见,特别是在社会科学和物理科学中。学校用过的计算机程序,比如 Stella,提供了建构系统动力模型的工具(Mandinach & Cline,2013)。系统动力模型的基本要素是一些可能增加或降低的变量。他们通过正面或负面联系关联在一起,常常有反馈圈渗透这个变量系统。这些模型能将滞后效应嵌入系统中。学生们可以为第 5 章中唐奈拉·梅多(2008)描述为系统问题的任何例子建构系统动力模型。

代理模型经常被建构去解释物理和生物科学中的行为,尤其是分子和细菌这样的小粒子或兔子和人这样的代理人。不同的计算机程序,比如 NetLogo,被用来建构这些模型(Wilensky,1999;Wilensky & Reisman,2006;Wilensky & Resnick,1999)。这些模型根据特定规则假定各种要素的平行交互。当这些要素相互接触后,大量可能的交互在不同的条件下出现。例如,学生们已经建构了捕猎者—猎物行为的代理模型,以及感染在人群中如何传播的模型。

约束系统自从伽利略时代起就渗透了我们对物理系统的理解。它们的主要特征是描述系统行为的一套公式。和系统动力模型一样,约束系统中的要素是变量,但它们不是系统动力模型或代理模型这样的模拟模型。为了建构这样一个模型,人们会努力操纵一个变量而让其他变量保持恒定,去断定第一个变量对因变量施加的结果,正如伽利略当年所做的一样。例如,伽利略通过把一个球沿着一个斜坡滚动的不同距离来断定重力引起的加速度。让学生像波义尔定律中那样，在实验基础上建构一个约束方程式去描述气体行为，这是一个很好的锻炼。

情况—行动模型常常被用于描述社会科学中的行为。它们的特征可以用一套形式规则来描述，即"如果在 X 情况下，做 Y"。该情况因为世界变化或者因为代理人采取新行动而变化。其中一些模拟人类行为的最复杂模型是情况—行动模型(Anderson, 1993; Newell & Simon, 1972)。让学生们去建构一个电话交互的模拟—行动模型，让人们基于简单规则对所说的事情系统地做出反应，这是很好的事情。

趋势分析在经济学和历史中最常见，但它可以用来分析任何一套随时间而变化的变量。在经济学中，趋势分析经常涉及到发现主要指标，即在目标变量之前表明变化模式的变量。例如，在一个国家的生产和收入上升或下降之前，股票价格会倾向于有相似的变化。让学生们分析经济趋势，看他们是否能为不同变量找到主要指标，这也是很好的练习。

图 6.5 所示的是趋势分析的一个例子。变量 1 表明越来越大的指数级增长，比如一个国家的国民生产总值(GNP)中出现的增长。变量 2 表明一个正常增长函数，开始很缓慢，逐渐加快，直到成为一条渐近线，正如美国电话增长所呈现的特征那样。变量 3 和变量 4 表明了循环变量，比如通货膨胀率和股票的价格/收入比(即市盈率，P/E 率)。正如图中所示，通货膨胀率是市盈率的主要指标。

学生应该针对他们感兴趣的现象建构行为模型。例如，他们可以建构捕猎者—猎物关系的代理模型、20 世纪不同国家 GDP 的趋势分析，或者气候如何变化的系统动力模型。考虑到科学中建模的日益重要，学生们需要了解模型可以呈现的不同形式，以及不同模型如何关联在一起去形成一个连贯的理论。

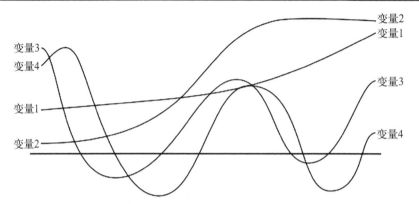

- 变量1在呈指数级增长（例如，GNP）
- 变量2是一个标准的增长函数（例如，电话的数量）
- 变量3和变量4是循环变量（例如，市盈率），变量3是变量4的主要指标（例如，指向市盈率的通货膨胀率）。

图6.5 趋势分析

来源：Collins & Ferguson(1993)。

研究问题和假设

为了评估模型和理论，学生们需要了解如何形成可以直接调查的研究问题。有时候研究问题很模糊（例如，心脏病的先兆是什么？），有时候研究问题很具体（如服用某种特定药物是否能减少胆固醇？）。任何研究的假设都是某个研究问题的各种不同的可能答案，是基于各种备选的理论立场提出的。例如，始建于1948年的弗雷明汉心脏研究所（Framingham Heart Study）试图找到心脏病的先兆。研究者识别了200多种要测量的可能先兆，然后追踪马萨诸塞州弗雷明汉地区的5 000名人士，看他们是否患了心脏病。这200个变量就是研究者关于什么因素影响患心脏病的几率做出的备选假设。这项研究发现，抽烟、血压和胆固醇水平是可能导致心脏病的因素。

不同种类的模型产生不同种类的研究问题。表6.2给出了一些例子，来说明在建构结构模型、因果模型和行为模型过程中出现的问题类型。这里没有列出建构不同种类模型所需的所有问题，但它们是科学家创造模型去表达和发展他们的理论观点时所出现的最常见研究问题中的一部分。

表6.2 不同模型类型所生成的研究问题类型

模型类型	问 题 示 例
结构模型	X的所有不同种类是什么？ X的特征有哪些？ X在其演进过程中会经历哪些阶段？ X有哪些组成部分，它们如何关联？
因果模型	是Y引起了X吗？ Y对X有何影响？ 什么导致X发生？ 哪些是影响X的所有因素？
行为模型	X在未来行为方式如何？ 什么条件导致从状态A移动到状态B？ X和Y之间的互动规则有哪些？ 什么过程产生了X？

学生们应该学会去形成关于一些重要问题的研究问题和假设，这些重要问题是他们能设计实验进行测试的。例如，他们可以提出一个问题：吃更多水果和蔬菜的学生是否比那些吃更多糖果和淀粉的学生感觉更好。其中的假设也许是吃水果和蔬菜的学生体重更轻，精力更旺盛。学生们可以考虑的另外一种问题是，持续一年省钱所产生的心理后果。他们的假设可能是省钱会让学生感觉更安全获得更多自我满足感。学生们可以调查各种主题，只要这些主题能加深他们对未来要面对的重要问题的理解即可。

设计调查

调查方法各不相同,但一般分成两种类型:(1)探究性调查;(2)验证性调查。当一个人有广泛的研究问题和一些一般性理论观点时,这就表明有一些有趣的数据来源要去研究,这时就要用到探究性调查。目标是获取数据,这些数据会对各种努力施加约束,去发展更具体的模型和理论。另一方面,当一个人拥有一个成熟模型或一套能让人做出预测的对立模型时,就要用到验证性调查。其目标是测试这些假设,看这些发现是否与理论预测相一致。这就能断定哪些模型与数据最相符。

伽利略因为发展了科学上的探究方法而著名。在他关于钟摆和重力的实验中,他系统性地改变了他认为会影响钟摆周期和球沿着斜坡滚动的速度的因素。从这些探究性的调查中,他引申出了钟摆运动和下落物体的公式。弗雷明汉心脏研究所的研究是探究性的,使用了自然的变化而不是控制性的操作。

探究性调查中搜集的这种数据极大影响着能建构的模型的种类。量化数据支持约束方程模型的建构,我们从伽利略所做的研究可以看出这一点;它也支持多因素模型,比如我们在弗雷明汉心脏研究中可以看到的。探究性研究的目标是在允许模型建构的数据中找到模式。这些模型然后可以用验证性方法进行评价。为了测试基于理论的假设而设计的验证性调查有多种形式。最著名的是我上面描述的随机测试。

学生们在他们的学习中应该既进行探究性调查也进行验证性调查。例如,要测试前面提到的吃水果和蔬菜与吃垃圾食品的不同后果这个问题,他们可以向一群学生提供两种快餐食品中的任何一种,然后在 2 小时后对这些被试进行测试,应用 5 级量表询问他们的精力和饥饿感如何。或者他们也可以进行一个长期的研究,招募一群学生,改变他们的饮食,吃水果、蔬菜和坚果等健康食品,和一群饮食没有任何改变的对照组学生相比较。他们可以对学生进行称重,进行健康方面的前测和后测,看看饮食改变带来的后果。为了调查省钱的效果,他们可以进行一个态度调查,让学生在很长一段时间内节省不同数额的金钱,在这段时间之前和之后进行态度调查。让学生学会调查,能更好地让他们为未来世界作好准备,而在未来世界中人生的成功取决于弄清如何让事情运作这种能力。

数据分析和综合

数据分析是对调查中所获信息进行检查的一个系统过程。数据分析方法分为质性和量化两种。尽管质性数据和量性数据的分析方法不同,但分析的主要目标是一样的。

数据分析的主要目的是支持发展令人信服的论点,这些论点表明某项调查的发现如何支持某项特定结论,如何对各种理论产生启示。数据分析对获得的信息进行调查,以达成发展和测试模型和理论的几个目标。这些包括以下内容:

1. **创造能揭示模式的表征。**一个目标是以归纳数据和揭示模式的方式呈现数据。有时候同样的数据可以用多种方式呈现,去揭示不同的模式。

2. **诠释数据如何针对相互冲突的假设提供证据。**第二个目标是运用数据中发现的模式去决定哪些假设得到了数据支持或者被数据证伪。

3. **探究数据,为进一步研究发展新的模型、理论和观点。**另外一个目标是寻找不同的数据表征,在不同变量之间寻求未曾预料到的现象或关系。这个过程中做出的发现会导致现有的模型被修改或创造出新的模型和理论。

4. **建立这个发现的普遍性。**数据分析的最终目的是提供证据，说明某理论模型的普遍性，即它所适应的各种情形。

学生应该从自己的调查和网上找到的许多数据集中，发展数据表征，应对那些影响他们未来生活的各种重要问题。在创造表征的过程中，更大的学生应该不仅仅是使用静态表征，比如柱状图和散点图，还要使用在线的绘图程序——比如 TinkerPlots 或 NetLogo——去创造一些更动态的表征。他们也应该写出对这些数据的解读，解释它们是如何与所表征现象的理论和模型相关联的。

对数学和科学教育的启示

对创造性使用数学和科学地进行思考的人的需求越来越大，哪怕他们不是科学家。然而，学校中绝大多数所谓的数学和科学教育都是在学习如何执行固定的程序，记住他们很快就会忘记的大量事实和定义。这总体上是浪费时间，因为学生们本来可以被教会使用数学和科学方法去分析社会中各种不同的重要现象和情况，这会让他们更有效地为自己正在进入的世界作好准备，也更有趣更富有挑战性。

系统分析情况、设计新颖的解决方案、用实验方法对它们进行检验等诸多能力是许多不同职业——比如农业、咨询、管理和绝大多数技术职业——的关键技能。学生们会很好地了解科学家是如何解决问题、在一个日益复杂的世界中遨游的。

第 7 章 激情学校——学校和课程的新愿景

在《技术时代重新思考教育》一书中,理查德·哈尔弗森和我(Collins & Halverson,2009)说道:"尽管追求创新的教师经常会找到一些方法,将学习镶嵌在有意义的任务中,但绝大部分学校教育就像是用如下的方式学习打网球一样——学习者学会了规则,并练习正手击球、反手击球和发球,却从来没有打过网球或看过网球比赛。学生们学习了代数和句子的语法分析,却不知道代数和语法分析在他们的生活中有何用处。那可不是网球教练教你打网球的方法。教练会首先向你演示如何握拍和挥拍,但很快你就必须自己击球和比赛了。好的教练会让你在打比赛和练习特定技能之间来回交替。教授技能的关键思想是把对完成真实任务的重视与对完成任务所需基本能力的关注紧密结合起来"(2009:23)。

最后一章呈现了一个重构学校教育,把 21 世纪的技能和知识教给 21 世纪的学生的愿景。这种学校经常基于学生的兴趣而不是他们所处的年级把学生置于不同的课程之中,设计进每门课程的正是本书所描述过的技能、知识和心向。学生们被鼓励在发展深刻理解的同时,坚持长时间学习某门特定课程,也许是好几年。

孩子们最初几年学习特别感兴趣的主题，比如说宠物、家庭、交通工具或恐龙。但随着孩子们成长，他们会开始学习体现成年人在世界上做事方式的课程，比如艺术、商业、医学、交流、教学、法律或工程。每门课程都包含我在前面几章所列举的基础知识和技能。其计划是让学生一开始学习这些课程中的两门，然后随着他们进步，前进到其他课程，在他们完成高中的过程中变得更有专长。在上学期间，他们会上八到十门不同的课程。其假设是学生们在教师和学生家长同意的情况下能从一门课程更换到另一门课程。但他们不应该频繁更换课程，否则永远不能在任何领域发展深刻技能和知识。

总之，我的愿景——我称其为激情课程——是把重新设计学校教育的重要原则结合进来，以使教学和学习更加适用于培养 21 世纪所需的技能和知识。它体现了真实的任务和评价，这是在完成有意义任务、发展深度技能和知识、同伴教学和辅导，以及计划、实行和反思这个学习循环的情境中教授特定能力的两个重点。其目标是发展对学生动机和学习有重大影响、能让学生更好地为他们即将进入的复杂世界作好准备的学校教育。

美国学校新愿景的要素

在全国范围内，一些学校正在实行这个愿景——学校如何应对生活在一个复杂社会所需的知识和技能——的一些要素。但据我所知，没有哪所学校已经把帮助学生在 21 世纪兴旺发达所需的所有学习要素都整合进来了。

新学校设计

具有远见卓识的领导者已经构划出了新学校设计，这些设计结合了许多我认为在设计学校过程中很重要的要素——这些要素能培养孩子为复杂社会中富有成效的职业作好准备。

中央公园东中学。德博拉·迈耶（Deborah Meier）(1995)在她所著的《他们观点的力量》一书中描述了她为纽约哈莱姆区中央公园东中学（CPESS）进行的设计，弗雷德里克·怀斯曼（Frederick Wiseman）在其电影《高中 II》(Wiseman, 1994)中也刻画了这一点。迈耶的设计观点传播到了全国其他学校，比如加州圣地亚哥高科技园区的各所学校。这个设计整合了几个我认为很重要的元素。迈耶的学校的学生主要是少数族裔的孩子，它在强调社区服务和第 1 章所列出来的 5 种思维习惯这方面很独特。在这所学校的高中部，学生们把他们最后 2 年的绝大部分时间用于迎接 14 种挑战，去充实毕业所需的档案袋。由学生顾问、其他员工和其他学生组成的一个小型委员会，基于学校学生中广泛可得的量规，对 14 种档案袋挑战中的每一个进行评价。对每个挑战进行评价的委员会就像是大学里的博士论文答辩委员会一样。

这 14 种挑战覆盖了学校认为对于变成一个终生学习者和有产出力的公民很重要的各种知识和技能（Darling-Hammond, Ancess, & Falk, 1995）。学生为每一个挑战创造的作品有各种不同的形式，比如文章、视频和表演。这 14 种挑战包括下面的内容：

1. 为他们的生活制定深造计划，引导学生们为其他挑战选择项目
2. 制作一个自传性作品
3. 解释他们从社区服务中所学的内容
4. 开发一种应对伦理或社会问题的产品（比如辩论或专栏文章）
5. 制作一个美学表达作品，包括表演和评论

6. 表现出对大众传媒及其效果的理解

7. 表现出对计算机、健康、法律问题、就业和独立生活等实际问题的理解

8. 表现出使用地图或地理信息系统(GIS)等地理工具的能力

9. 提供第二语言知识的证据

10. 进行科学调查,表现出科学知识

11. 进行数学调查,表现出解决数学问题的能力

12. 进行历史调查,表现出历史知识

13. 表现出对不同体裁的文学的理解

14. 表现出身体技能,比如参与体育运动

这个档案袋比美国学校的标准化测试覆盖了更广泛的水平概念,覆盖了第1章所列举的标准化测试所忽视的大多数水平。

高科技园区学校(www.hightech.org)在圣地亚哥地区形成了一个在读学生数逾5 000名的K-12特许学校网络。这些学校由四个相互关联的设计原则所引导——公平、个性化、真实的作品和合作设计。它们有多样化的学生群体,强调让所有人考入大学,完成学业。学生们在整个完成项目的过程中追寻自己的激情,反思自己的学习,聚焦于中央公园东中学开发的5种思维习惯。项目应对文科和理科方面的广泛主题领域,包括健康、经济学和环境。学生们通过田野工作、社区服务、实习、向外部专家咨询等方法,将自己的学习与世界关联起来。学生们充当设计伙伴,员工充当反思性实践者,探究合理的教学和学习、学校文化、项目设计和真实性评价。

萨米特公立学校(summit.org/student-day?day=1)是一个高中特许学校系统。萨米特公立学校系统结合了许多能帮助培养学生为21世纪作好准备的特征。这些学校强调不同学科领域的真实世界项目的学习。项目

涉及到问题解决、创造性和批判性思维、与他人合作和交流技能。学生们与辅导员共同制定个性化学习计划，通过一对一辅导和同伴学习，按照自己的步速完成学习。辅导者针对大学和职业目标给学生提供咨询，培养对成功和挑战的反思，鼓励自主学习去实现目标。学生们加入社区群体，被鼓励参与课后体育项目和俱乐部。这些不同活动培养毕业档案袋所需的知识和技能，类似上面描述的中央公园东中学档案袋。

阿尔特学校（Altschools，https：//www.altschool.com）是一位对个性化感兴趣的Google公司高管发起的，正在全国小学和中学层次中发展私立微型学校。他们为每一个学生制定个性化的学习计划，强调课程覆盖，深度探究学生满怀热情的领域。不同年龄的学生混合在一起，相互支持。在上学的8年间，他们把所有作品组合成了一个数字档案袋。这个课程强调探究项目、核心技能和反思。技术在整个学校非常普遍，在学生所做的绝大部分工作中处于中心地位。这所学校发展了一种共同体意识，让学生们学会珍视多样性、公正和同情。

学习者共同体模型。芭芭拉·罗戈夫（Barbara Rogoff）（1994）描述了一个围绕学习者模型设计的小学，这所学校与充斥美国大多数学校的知识传递模型相反。家长每周花3小时在教室里充当教师助手。教师与学生一起决定要完成的项目，但在学生遇到困难时充当向导。在一天中的绝大部分时间里，学生们按小组合作。学生们从一些必做活动和选修活动中选择他们要参与的活动。课程基于孩子们关于世界上所发生事情的好奇心而建立。学生和同一位老师在一起呆2年，小组中第二年的学生帮助指导第一年的学生。这些学校不会给出学生的考试分数。相反，教师和学生定期为家长产生报告，描述学生所学到的东西和他们遇到的挑战，这都能指导他们未来的学习。

在学校里——自从罗戈夫（1994）的描述以来，学校可能已经发生了变化——学生变成了自主学习者，与他人一起作出决定，遇到挑战时帮助他们克服。孩子们喜欢学校，帮助父母，充当助手，通过为所发生的事情提供背景知识来理解当前活动的目标。当孩子们完成一个项目时，他们喜欢这个过程提供的权威以及感受到的成就感，常常为放假感到遗憾。这所学校体现了很多让孩子们为自己的教育担负责任所需的特征。

课程变革

基于问题的学习。霍华德·巴罗斯（Howard Barrows）首先开发了基于问题的学习（PBL），去教医学院的学生那些医生是如何进行诊断的（Barrows & Tamblyn, 1980）。从那以后它就构成了几所医学院的课程基础，并传播到几所工程学校和高中。这个方法的核心是向一群医学院学生呈现界定不良的病例（例如，一位65岁的人陈述胃部疼痛），这些学生要询问各种问题，进行检测，以发现他们试图诊断的疾病的所有症状。一位辅助者基于真实的病例提供他们所要求的检测结果，指导他们调查的过程。

学生们在一块白板上把信息分成四栏：

1. 病例事实——发现的症状
2. 观点和假设——可能的诊断
3. 学习问题——应学习什么去缩小可能的假设的范围
4. 行动计划——学生们应该做什么去产生诊断方案

学生们将学习问题进行分工，各自去研究每一个问题，然后回来交流他们学到的信息，缩小假设的范围。辅助者通过问一些针对性的问题，指导他们去思考所学东西的意义,以及是否需要更多的调查。在医学院,这个调查可以持续好几天。

在修改 PBL 方法去适应高中的过程中,人们注重为学生们选择好的问题让他们去调查(Hmelo-Silver,2004)。这些问题应该是真实的、开放性的,符合学生的经验。例如,一个班级要计划一个沿着阿帕拉契亚山道的长途旅行,这涉及到研究与该旅行相关的计划、健康、地理、气候、花费和供给。好的辅助者为学生们示范制定计划时的学习和思维策略。教师需要鼓励学生们去解释他们学习时的思维。前面提到过的白板技术帮助聚焦学生们的注意力,提供一个公共空间,让他们去发展和组织自己的观点。辅助者的一个关键作用是培养自主学习和学生的自我评价。

通过设计学习。珍妮特·科洛德纳(Janet Kolodner)曾在一个她所称的通过设计学习的项目中,将 PBL 方法和"认知学徒制"一起用于中学科学的教学。这个项目镶嵌在一个公开发布的名为"基于项目的探究科学"课程中(Kolodner,2007;Kolodner 等,2003)。在学年初始,学生们开始了启动单元,学习他们迎接新挑战时将参加的那些程序。启动单元从一个容易的挑战开始,比如决定让一辆车从坡道冲向平地时的坡道最好角度。学生们小组合作,开展实验去找到答案,然后每个小组把解决方案展示给其他学生,其他学生会针对他们的实验过程向他们提问。然后这些小组重复它们的实验和展示过程,直到他们针对实验过程和这个挑战的答案达成一致意见为止。在他们学习时,他们要填写实验日记,详细说明他们想发现什么、他们预测到了什么、他们的实验计划、一步步的程序、他们搜集的数据、数据归纳、对他们所学东西的陈述。这个反思过程对于他们学习如何使实验过程变得系统化方面非常关键。

在一个名为"运动中的车辆"的更高级单元里,学生们面对一个严峻挑战——他们要设计一辆车,沿着山路地形,尽可能跑得更远。要迎接这个挑战,他们要反复经历设计和实验的循环,应对越来越困难的挑战。小组开始研究不同的推进系统,比如是气球驱动的车,还是橡皮筋驱动的车。他们针对设计中的不同要素以及其他因素(比如来自地形的摩擦力)进行实验。在每一个设计和实验的循环中,他们向其他同学展示自己提出的设计和实验方案。他们要回答同学们和老师提出的问题(比如他们为什么做出了不同的决定),从这些针对如何应对不同问题的讨论中学习。

正如在PBL中一样,他们用白板去展示自己的设计和计划,汇报自己的实验结果。教师的作用遵循"认知学徒制"的原则:示范、指导、搭建脚手架、撤出支持、鼓励学生们清晰表达观点、反思自己如何能做得更好(Collins,Brown & Holum,1991;Collins,Brown,& Newman,1989)。

计算机模拟环境。戴维·谢弗(David Shaffer)(2004,2005,2006)开发了计算机模拟环境,把不同领域专业人士的实践教给高中生。他和自己的研究生探讨不同专业是如何教自己的学生的,从而开发模拟学习环境去模仿教授专业人士时所用的策略。他们为科学新闻、城区设计、医学和工程设计开发了活动和模拟,培养不同专业人士的实践、价值、兴趣和信念。例如,在他们的城区设计活动中,学生被要求使用地理信息系统(GIS)去重新设计一条城市街道,设计时要考虑到该地区不同选民——如居民和商店店主——的观点。谢弗的目标不是把学生转变成为专业人士,而是让他们去体会知识和行动如何被整合进不同的专业去解决问题。他的方案让人们认识到,学生所学知识在解决真实世界问题的过程中是如何派上用场的。

罗杰·尚克(Roger Schank)及其同事们(Schank,Fano,Bell,& Jona,1994)开发了模拟,称为基于目标的情境,强调学生解决真实世界的问题。其中一个模拟教学生遗传学,让学习者去决定夫妇们是否会生出有遗传疾病的孩子。为了给夫妇们提供建议,学习者必须发现不同的基因组合如何导致疾病,并进行测试去确定父母的基因构成。系统中有脚手架去支持学习者,比如提供建议的各种专家录音。其他模拟在各种挑战性任务中为学生提供支持,比如解决一个环境问题,或整合关于某历史事件的新闻广播。这些模拟能把认知技能和知识镶嵌在它们能够被派上用场的情境中。因此人们不仅学习他们将来需要的基本能力,而且还要学习何时及如何应用这些能力。

创客运动。最近几年,让学生在学校、计算机俱乐部和博物馆使用计算机和 3-D 打印机去制作他们感兴趣物体的运动如火如荼地发展起来(Peppler,Halverson,& Kafai,2016)。创客运动让孩子们设计各种产品,如珠宝、电子服装、电影、机器人和游戏。它提供动力让孩子们去学习企业、工程和设计技能,这些技能对他们在一个不停变化的世界中闯荡极有价值。第 2 章描述过的数字青年网络和 Globaloria 网络平台就是创客运动在学校如何实施的例子。在许多场合下,成年人和孩子一起合作去开发他们感到自豪的设计和产品,包括科学、技术、工程和艺术。这是能帮助孩子们发展终生学习者和生产者身份认同的协作性教育。

学校需要发展这种模式,去培养学生们为自己即将进入的复杂社会作好准备。本章其余部分会表明,这些要素如何能被整合到一起,去应对那些对孩子们在学校里拼搏很重要的问题。

面向 21 世纪学校的愿景

我构划了一所"激情学校",让不同年龄的学生在有趣又富有价值的调查和项目中合作。该学校最独特的一个方面是,孩子们在父母的帮助下,选择自己所参与课程的话题焦点。在这所学校中,学生们不分年级,也不会通过考试对他们进行评价。学生们不必通过竞争来显示自己更聪明。相反,所有学生都努力帮助小组完成自己帮助形成的任务。他们参与类似阿尔特学校(AltSchools)所强调的那种"个性化学习"。在这种学校里,在发展学生的能动性和确保他们学会自己作为成年人所需的知识、技能和心向之间,有一种不可避免的张力,就跟芭芭拉·罗戈夫(1994)描述的学习者共同体学校一样。

学校设计

当学生5、6岁进入这所学校时,他们和家长一起决定将参与的两门课程,每门课程上半天。他们从那些经过设计来吸引小孩的课程主题中选择。例如,可能的主题包括家庭、车辆、宠物、恐龙、太阳、月亮和星星、玩具、体育和竞赛、昆虫——即小孩感兴趣的任何主题。朱迪·哈里斯(Judy Harris)(2015)强调,选择孩子们熟悉的主题非常重要,这样他们才能把自己的经历带入自己的调查,而不仅仅依赖自己在书中读到的东西。5到10岁或11岁的孩子们可以参与很多这种课程,每门持续2—3年。

其目标是把读写、数学、科学、历史、地理、艺术、金融、健康、环境、法律方面的内容镶嵌到学生们学习的每门课程的任务中。选择能涵盖课程中所有这些重要方面的项目,需要仔细的课程设计。例如,恐龙课程中让学生进行的调查和项目可能包含以下内容:

- 制作不同恐龙生活的时间线
- 提出一个恐龙为什么消失的理论
- 设计一个恐龙园并说明它会如何运作

- 制作能够到处移动并互动的乐高头脑风暴恐龙
- 比较食肉恐龙和食草恐龙的大小和特征
- 制作一幅不同恐龙骨骼发现地点的世界地图
- 调查鸟儿是否是从恐龙演化而来的,又是如何演化的
- 描述不同恐龙生活的环境
- 调查从恐龙 DNA 中重新孵化恐龙的可能性和普遍看法
- 制定有关新发现的恐龙骨骼销售的法律准则

这些项目要求学生去阅读、写作、做数学、学历史、科学和工程设计、在课程背景下进行适当的编程和建模。开发出对恐龙感兴趣的孩子们感到具有挑战性和教育意义的各种项目,存在无数种可能。

这些调查的产品有许多不同形式,就跟中央公园东中学鼓励的那样。它们包括视频、辩论、图表、专栏文章、故事、提案、博客、平面设计、艺术作品、模拟和游戏、工作表单、PPT 展示和其他种类。正如第 2 章描述的数字青年网络(Barron,Gomez,Pinkard,& Martin,2014)那样,应该有一个在线网络,让学生们能张贴他们的作品,其他学生能对张贴的作品进行评论。

当学生们年龄更大以后,课程应该反映成年人从事的职业,正如上面描述的戴维·谢弗在其课程设计中开发的那样。这样,课程就能不断发展,去应对职业学校中常见的话题,比如位于纽约的纽约表演艺术学校、布朗克斯科学高中、布鲁克林技术高中。在他们的学校岁月中,学生们总共会参与 8 到 10 门不同的课程。例如,到高年级时,课程会包含下面一些指向不同领域中的职业:

- **生命**——医学、生物、药物学、农业、生物工程、园艺、环境服务、林业

- **工程**——技术、计算机、设计、土木工程、电气工程、技术人员、大气科学、化学、地质学、采矿
- **经济学**——商业、金融、零售、银行业、制造、建设、经销
- **政府**——法律、刑事司法、警察、火灾、社会服务、军事、政治
- **创造力**——音乐、视频、舞蹈、戏剧、艺术、建筑、设计、内部装修、写作
- **人**——社会服务、人力资源、管理、心理学、咨询、教学、社会学、人类学

我的学生戴安娜·约瑟夫(Diana Joseph)在芝加哥市中心的一所小学实施了激情课程的一些理念(Collins, Jodeph, & Bielaczyc, 2004)。她选择制作视频纪录片作为开发课程设计的背景。对于当时与她一起合作的学生来说,这些视频是内在有趣的,因此为她的设计工作提供了很好的背景。她仿照童子军奖章系统,为不同领域的学生创造了一个证书体系,包括剧本创作、访谈、摄像机操作。她把重要技能和概念编织进视频课程,比如把数学技能嵌入预算编制,把写作技能嵌入剧本创作,把计划技能嵌入纪录片制作。与此同时,也强调学习内容要和学生开发的每一个视频主题相符合。例如,关于移民的纪录片强调历史和地理内容。通过参与自己感兴趣的项目,学生们愿意把时间花费在一些枯燥的细节上,而这些细节是他们在学业中极力想去避免的。

这种学校教育结构能够发展一种真正的认知学徒制,强调学生在执行复杂任务的情境中学习重要的内容和技能。我们为激情课程中所用的认知学徒制开发了一个四阶段模型。

1. 学生作为新手参与进来,执行自己的项目,在此过程中,一位更有经验的学生辅导他们。

2. 随着自己的经验变得更加丰富,他们开始和其他学生一起从事更大的项目,更先进的学生充当项目和子项目的领导者。
3. 在执行完不同的项目之后,他们已准备好充当新来学生的辅导者。
4. 在成功完成辅导后,他们随时准备好充当更大项目的项目或子项目领导者。

这是考虑课堂组织的一种全新的道路。

在这种模式下,学生们将在技术丰富的环境中学习,这反映了技术用于真实世界的方式。他们搜集的很多信息在网络和书本中都能找到。孩子们在成长过程中被技术包围,学校必须找到一种方法去容纳技术,让孩子们负责任地使用技术,就如阿尔特学校所做的那样。班级和那些强调小组项目工作的学校里的班级看起来一样。

激情学校设计的目标是发展一个学习者共同体,这些学习者一起合作去解决有意义的问题,分享知识,负责完成他们面对的挑战。教师的作用是辅导学生,提出挑战,这些挑战能帮助他们学会有成效生活所需的知识、技能和心向,当学生努力克服这些挑战时与他们合作。应该强调学生发展专长,分享他们所学的东西,发展对问题和观点的深刻理解,基于证据做出决策,设定和满足期望,把人文、艺术、自然科学和社会科学作为理解和影响世界的方式。

把知识、技能和心向嵌入课程

第2章讨论过的新素养可以镶嵌在不同课程中,其基本方法是让学生产出不同体裁的作品,发布到某个网络上,让其他学生去评论和学习。这个网络可能包含一些实作表现视频,如戏剧、辩论、纪录片、动画、艺术表演和展示。学生们可以去写博客、专栏文章、新闻报道和分析、与同人网站上故事相似的故事、诗歌和回忆录。他们可以设计模拟、教育游戏、世界现象的表征、对所在城镇/城市某些地方的重新设计、新法律和规章,以及类似如何在 Scratch 上创造动画人物的指南(Resnick 等,2009)。正如在数字青年网络和罗戈夫的学习者共同体学校中一样,让社区的家长和辅导员在课间或课后帮助学生完成他们的项目,这是一个很好的做法。

学生们如何学习和发展第 3 章所讨论过的自我依靠的各个方面呢?他们尤其需要理解健康、金融和法律问题,发展策略性思考、自控、计划、监控和反思能力,以及灵活的适应能力。

在关于家庭的课程中应对健康这个话题,可以让学生在考虑饮食和健康问题的前提下计划一个月的家庭晚餐;他们可以分析不同体育和活动的锻炼价值;他们也可以识别家庭生活中的不同压力。对于一门经济方面的课程而言,学生可以从人们健康的角度看所在国家食品体系的成本和好处,以及如何改变激励系统,让人们得到更多锻炼和更少的压力。同样,金融和法律问题出现在许多不同的场合下,出现在预算编制和法律文书起草过程中。通过在不同课程中应对这些主题,学生们就能看到它们如何用于不同的情境。

强调策略性思考和对作品的计划、监控和反思,应该渗透学生在学校里所做事情的每一个方面。当学生们应对每一个挑战时,他们应该用 PBL 白板之类的东西去计划自己的工作。记结构化的日记,就如他们在"通过设计学习"项目中做的那样,能帮助他们反思自己的作品。教师可以在小组之间循环走动,问他们想干什么,取得了哪些进展,以此来培养监控。这种提问的目的是让学生们在学习过程中学会问自己这些问题。当学生们与不同学生合作去解决问题,在展示过程中直面别人提出的问题时,策略性思维就得到了体现。当他们设法在截止期限之前完成任务，从错误中恢复过来时，自控就得到了发展。让学生们从事挑战性的项目的一个主要目标是发展一种面对困难和机会时的适应性。

在第4章，我们描述了学生在21世纪工作场所中需要的一些技能，包括创造性和批判性思维，管理时间和资源，与他人进行团队合作。这些技能应该被编织进学生从事的调查和项目中。在学生为自己的项目发展观点和设计时，教师应该鼓励学生使用各种创造性思维策略，比如案例比较、视角转换、寻找类比等。同样，当学生们为出现的问题提出各种不同的解决方案时，教师应该鼓励学生使用批判性思维，让他们对自己和他人一起产生的观点和产品进行系统性的评论，并进行成本—收益分析。

在努力按时完成调查和项目，尤其是当学生承担项目管理者角色的情境下，他们就能学会时间管理技能。项目管理者要对不同学生的工作进行协调，这样一切事情都能完美耦合并按时完成。当学生把装进自己档案袋的作品进行汇总，来评价自己所做工作的质量时，就用到了资源管理技能。学生们每人获得了关于自己学校生涯的一个鼓鼓囊囊的作品档案袋，为了便于检索和以后使用，制作索引变得很关键。因为这些学生是以小组合作的形式完成自己的很多项目，他们要学会倾听他人观点，帮助小组成功合作，创造优质的作品。通过让学生们使用芭芭拉·怀特开发的管理指南，以及让学生们发展类似第2章描述过的社会规范，教师能促使学生们养成合作性工作习惯。

第5章把公共政策挑战作为复杂系统的例子。我建议学生们采用基于问题的学习（PBL）方法，调查本章中提出的环境和经济问题。例如，他们可以设法解决如何既能养活110亿人，又能同时应对转基因植物、淡水供给、农业产生的化学污染、农业实践带来的健康后果、工业化养殖中的动物处理等问题。同样,他们也可以应对一些经济问题,比如银行业系统的运作、储蓄和复进利率、使市场运作更有效的方法、影响货物价格的因素,以及如何运用激励系统去解决社会问题。这些种类的问题都可以在许多不同课程中解决。

在第 6 章,我谈到了对学生应对成年生活非常重要的数学和科学概念。珍妮特·科洛德纳曾经向我们表明,如何把数学和科学思维嵌入让学生参与有意义学习的项目中。阿兰·斯塔克(Alane Starko)和吉娜·沙克(Gina Schack)(1992)在他们所著的《在所有正确的地方寻找数据》一书中,描述了一些孩子们可以做的能解决自己感兴趣问题的研究。例如,家庭课程中的学生可以研究一个小婴儿在整个学年中如何变化,记录他们对这个婴儿的所有观察和各种测量数据。对宠物或昆虫课程来说,他们建议进行一个有关沙鼠或昆虫的历时研究,学生们能记录关于该动物从出生到死亡的数据。他们描述他们如何收集有关其他孩子最喜欢的运动、宠物或其他家庭成员的调查数据。他们详细说明孩子们如何分析他们的数据,制作图表,进行统计测试。

激情学校的一个主要目标是教孩子如何解读和创造理论和数据表征。米歇尔·威尔克森(Michelle Wilkerson)一直在开发活动或计算机工具去帮助孩子们学习如何制作他们自己的数据表征(Wilkerson-Jerde & Laina,2015)。例如,她让中学生研究从他们城市中得到的数据集,表明土地使用和人口如何随着时间变化。学生们被鼓励去创造表征,表明他们的城市是如何变化的。一群小女孩想表明少数族裔人口没有像媒体暗示的那样在增加,她们就制作了 100 个棍子小人,分成四种颜色,表征三个不同时代的人口数。这个表征表明,少数族裔人口在增加,但依然只占人口数量的很小比例。这些女孩在学习如何运用数据作为证据来提出观点。这对于学习如何把世界上的现象以数学方式表征非常重要。

在对恐龙课程的可能项目进行简单归纳时,我曾建议学生可以用几种表征方法(比如时间线、对照表和世界地图),来表征他们的发现。在第6章,我试图表明科学家运用不同的表征方法去捕捉他们的理论,我认为学生们同样应该学习运用方程式、模拟和趋势分析——去表征他们正在调查的现象,去提出强有力的观点。那些认为自己不喜欢数学、科学或历史的学生会发现自己不知不觉地在运用这些学科去完成他们的项目目标。发展令人信服的数据去提出论点,这种能力对于现代社会的成功非常重要。

本书中覆盖的不同主题可以镶嵌在多门课程中。不是每一个主题都能轻易嵌入每一门课程,但通过参与不同的课程,学生们应该都能理解他们长大成人后所需的重要观点。

评价学生

学生们能够在三个不同层次上进行评价:奖章、档案袋和类似中央公园东中学所实施的毕业要求。奖章代表一个正在非学校环境中——比如数字青年网络——拓展的运动,为学生在校外获得的具体技能提供证明(Casilli & Hicky, 2016; O'Byrne, Schenke, Willis, & Hickey, 2015)。它们可以证明,一位学生已经掌握了PPT制作技能或正在制作数字图形。戴安娜·约瑟夫尝试用奖章激励学生,让他们努力获得剧本创作、访谈和摄像机操作方面的证书。学校会为不同的奖章开发评价量规,学生们可以在项目完成过程中赢得这些奖章。编制预算、管理团队,或在NetLogo中制作模拟,都可以获得奖章。奖章的好处在于证明学生所掌握的具体技能,而不是年级和SAT分数所代表的模糊概括。

许多学校采用了档案袋方法,去记录学生在一个学年中所做的工作。

让学生在线记录他们的工作，能更容易地把他们的作品搜集进档案袋，并在整个学校学习过程中随身携带。线下的作品可以扫描进计算机，实作表现可以纪录进在线视频。因为学生作品的很大部分是和其他学生一起完成的，所以教师和学生具体说明每位成员在每个项目中的贡献，非常重要。档案袋提供了一种方式，让学校去与家长和其他外来者（比如潜在的雇主）交流这些学生所取得的成绩。给家长的报告应该包括学生对自己作品的反思以及教师评价。

档案袋的一个好处是表明学生所做的不同工作以及学生在这些年中的成长。学生可以为拿出自己最好的作品以及其他人对自己作品的反馈而感到自豪。在把最好的作品选进档案袋后，学生被鼓励去批评自己的作品。这可以让学生改进自己觉得薄弱的方面。

中央公园东中学开发的毕业要求给了学生方向，让他们搜集奖章，编制档案袋。中央公园东中学要求学生去应对的 14 个领域是一个很好的起点。要求学生在委员会面前为自己的作品进行答辩，以确保他们理解自己工作的意义，而不是依靠他人（如家长或其他学生）去完成自己的项目。学生们应该在每一方面都有一位顾问，去引导他们整理那些能证明自己能力的档案袋。他们应该把学校生活的最后 2 年用于组织自己的毕业档案袋。

学校评价不应该要求通过考试。考试让学生们处于竞争之中，产生赢者和输家。它们把所教的内容缩减为容易测试的那些技能。如果我们想要学校去强调在 21 世纪得心应手地生活所需的知识、技能和心向，我们就必须抛弃近年来一直强调的大规模考试。奖章、档案袋和毕业要求能够在评价学生时不让他们感到愚蠢，强调发展各个领域的深刻知识和技能。

未来的学校

学生参与有意义的活动,教师也因为在学生学习成年后所需知识、技能和心向时为他们提供辅导而倍感愉悦,创建这样的学校是可能的。这种学校与那些传统学校大相径庭,在传统学校里,学生们按老师吩咐做事,填写各种表单,为调皮捣乱而遭受惩罚,因为他们不喜欢强加在他们头上的各种规则。

正如芭芭拉·罗戈夫(1994)描述的学校那样,学校应该被创建成为学生喜欢去的地方。这种学校不能是少数学生闪亮而大多数学生因为对比而沮丧的竞争性场所。学生们应该一起合作去完成他们觉得有价值的任务。活动必须符合学生的自然兴趣,这样,学生在理解了为什么自己要去做困难的工作以后愿意做。为了理解为什么,他们必须看到,他们追求的目标值得自己去努力——不仅仅是取悦老师和家长,而是让自己开心。调查和项目给了学生们时间,让自己投入到所生产的东西中去。

辅导学生参加有意义的活动也让教师感到满足。在这种场景中,教师不需要花费所有时间来确保学生听话,因为学生深入参与,不太可能去捣乱。学会如何明智地辅导需要一种不同的教师教育,但这并不要求学习各种事实和程序。相反,它要求教师愿意和学生一起学习。它也要求学习我在本书中提出的那些种类的知识、技能和心向。

我们如何从此岸到达彼岸呢?特许学校和微型学校运动提供了一个机制,让学校去实验新设计。圣地亚哥高科技园区学校、萨米特公立学校和阿尔特学校都在实验当中的许多观点。这些学校模型可以在美国广泛传播。教育设计者和研究者应该一起合作,相互学习。研究者紧随这些学校设计方面的努力探索,将思维不断向前推进,并把这些学校作为在真实学习发生的世界中进行调查的场所。学习科学家和学校设计者需要结成伙伴关系,重新设计面向 21 世纪的学校教育。

当家长需要更多的特许学校,当教育者看到哪些学校在让学生参与和吸引有效教师方面最成功的时候,学校教育就有可能发展成一个能更好让学生为自己进入的世界作好准备的模式。我希望,这些提议能在特许学校和微型学校运动发展的同时影响它们的设计。理想状态是,这种激情学校愿景能激发教育领导者去实验新设计,开发出让学生参与和合作从而实现有意义目标的学校。

参考文献

Abeles, V. (2015). *Beyond measure: Rescuing an overscheduled, overtested, underestimated generation.* New York, NY: Simon & Schuster.

Anderson, J. R. (1993). *Rules of the mind.* Hillsdale, NJ: Lawrence Erlbaum.

Barron, B. (2000). Achieving coordination in collaborative problem-solving groups. *Journal of the Learning Sciences, 9*(4), 403–436.

Barron, B. (2003). When smart groups fail. *Journal of the Learning Sciences, 12*(3), 307–359.

Barron, B. (2006). Interest and self-sustained learning as catalysts of development: A learning ecologies perspective. *Human Development, 49*(4), 193–224.

Barron, B., Gomez, K., Pinkard, N., & Martin, C. (2014). *The Digital Youth Network: Cultivating new media citizenship in urban communities.* Cambridge, MA: MIT Press.

Barrows, H. S., & Tamblyn R. M. (1980). *Problem based learning.* New York, NY: Springer.

Basch, C. E. (2011). Physical activity and the achievement gap among urban minority youth. *Journal of School Health, 81*(10), 626–634.

Baumeister, R. G., & Tierney, J. (2011). *Willpower: Rediscovering the greatest human strength.* New York, NY: Penguin.

Bazelon, E. (2013). *Sticks and stones: Defeating the culture of bullying and rediscovering the power of character and empathy.* New York, NY: Random House.

Benezet, L. P. (1991, May). The teaching of arithmetic: The story of an experiment. *Humanistic Mathematics Newsletter, 6,* 2–14.

Bielaczyc, K., & Collins, A. (1999). Learning communities in classrooms: A reconceptualization of educational practice. In C. M. Reigeluth (Ed.), *Instructional-design theories and models: A new paradigm of instructional theory* (pp. 269–292). Mahwah, NJ: Lawrence Erlbaum.

Bielaczyc, K., Kapur, M., & Collins, A. (2013). Cultivating a community of learners in K–12 classrooms. In C. E. Hmelo-Silver, A. M. O'Donnell, C. A. Chinn, & C. Chan (Eds.), *International handbook of collaborative learning* (pp. 233–249). New York, NY: Routledge.

Black, R. W. (2009). English-language learners, fan communities, and 21st century skills. *Journal of Adolescent & Adult Literacy, 52*(8), 688–697.

Borge, M., Yan, S., Shimoda, T., & Toprani, D. (in press). Moving beyond making: Towards the development of ThinkerSpaces. Proceedings of CHI2016

(San Jose, California, May 7–12). Retrieved from hci.sbg.ac.at/wp-content/uploads/2015/11/Moving_Beyond_Making.pdf

Bransford, J. D., Brown, A. L., & Cocking, R. (2000). *How people learn: Brain, mind, experience and school* (Expanded ed.). Washington, DC: National Academies Press.

Bransford, J. D., Franks, J. J., Vye, N. J., & Sherwood, R. D. (1989). New approaches to instruction: Because wisdom can't be told. In S. Vosniadou & A. Ortony (Eds.), *Similarity and analogical reasoning* (pp. 470–497). New York, NY: Cambridge University Press.

Brick, M. (2010, May 20). Texas school board set to vote textbook revisions. *New York Times*. Retrieved from www.nytimes.com/2010/05/21/education/21textbooks.html.

Brooks, A. K. (1994). Power and the production of knowledge: Collective team learning in work organizations. *Human Resource Development Quarterly, 5*(3), 213–235.

Brown, J. S., & Thomas, D. (2006, April). You play *World of Warcraft*? You're hired! *Wired* 14.04. Retrieved from www.wired.com/2006/04/learn/

Bruckman, A. (2000). Situated support for learning: Storm's weekend with Rachael. *Journal of the Learning Sciences, 9*(3), 329–372.

Brynjolfsson, E., & McAfee, A. (2014). *The second machine age: Work, progress, and prosperity in a time of brilliant technologies*. New York, NY: Norton.

Burger, E. B., & Starbird, M. (2013). *The five elements of effective thinking*. Princeton, NJ: Princeton University Press.

Callahan, R. E. (1962). *Education and the cult of efficiency*. Chicago, IL: University of Chicago Press.

Carr, N. (2011). *The shallows: What the Internet is doing to our brains*. New York, NY: W. W. Norton.

Casilli C., & Hickey, D. T. (2016). Transcending conventional credentialing and assessment paradigms with information-rich digital badges. *The Information Society, 32*(2), 117–129.

Cohen, E. G. (1994). *Designing groupwork: Strategies for the heterogenous classroom* (2nd ed.). New York, NY: Teachers College Press.

Collins, A. (2011). A study of expert theory formation: The role of model types and domain frameworks. In M. S. Khine & I. Saleh (Eds.), *Models and modeling: Cognitive tools for scientific enquiry* (pp. 23–40). London, England: Springer.

Collins, A., Brown, J. S., & Holum, A. (1991, Winter). Cognitive apprenticeship: Making thinking visible. *American Educator, 15*(3), 6–11, 38–46.

Collins, A., Brown, J. S., & Newman, S. E. (1989). Cognitive apprenticeship: Teaching the crafts of reading, writing, and mathematics. In L. B. Resnick (Ed.), *Knowing, learning, and instruction: Essays in honor of Robert Glaser* (pp. 453–494). Hillsdale, NJ: Lawrence Erlbaum.

Collins, A., & Ferguson, W. (1993). Epistemic forms and epistemic games: Structures and strategies to guide inquiry. *Educational Psychologist, 28*(1), 25–42.

Collins, A., & Gentner, D. (1980). A framework for a cognitive theory of writing. In L. W. Gregg & E. Steinberg (Eds.), *Cognitive processes in writing: An interdisciplinary approach* (pp. 51–72). Hillsdale, NJ: Lawrence Erlbaum.

Collins, A., & Halverson, R. (2009). *Rethinking education in the age of technology: The digital revolution and schooling in America.* New York, NY: Teachers College Press.

Collins, A., & Halverson, R. (2015). The functionality of literacy in a digital world. In R. J. Spiro, M. DeSchryver, P. Morsink, M. Schira-Hagerman, & P. Thompson (Eds.), *Reading at a crossroads? Disjunctures and continuities in our conceptions and practices of reading in the 21st century* (pp. 172–179). New York, NY: Routledge.

Collins, A., Joseph, D., & Bielaczyc, K. (2004). Design research: Theoretical and methodological issues. *Journal of the Learning Sciences, 13*(1), 15–42.

Collins, A., Neville, P., & Bielaczyc, K. (2000). The role of different media in designing learning environments. *International Journal of Artificial Intelligence in Education, 11,* 144–162.

Collins, A., & White, B. Y. (2015). How technology is broadening the nature of learning dialogues. In L. B. Resnick, C. S. C. Asterhan, & S. N. Clarke (Eds.), *Socializing intelligence through academic talk and dialogue* (pp. 225–233). Washington, DC: AERA Books.

Cremin, L. A. (1951). *The American common school: An historic conception.* New York, NY: Columbia University Teachers College.

Cremin, L. A. (1980). *American education: The national experience 1783–1876.* New York, NY: Harper & Row.

Crowley, C., & Lodge, H. S. (2004). *Younger next year: Live strong, fit, and sexy—until you're 80 and beyond.* New York, NY: Workman.

Cuban, L. (2001). *Oversold and underused: Computers in the classroom.* Cambridge, MA: Harvard University Press.

Daiute, C. (1985). *Writing and computers.* Reading, MA: Addison-Wesley.

Darling-Hammond, L., Ancess, J., & Falk, B. (1995). *Authentic assessment in action: Studies of schools and students at work.* New York, NY: Teachers College Press.

Dawkins, R. (1976). *The selfish gene.* Oxford, England: Oxford University Press.

Devlin, K. (2012). *Introduction to mathematical thinking.* Palo Alto, CA: Author.

Dementia. (2015). Retrieved from my.clevelandclinic.org/health/articles/types-of-dementia

Diener, E., & Biswas-Diener, R. (2008). *Happiness: Unlocking the mysteries of psychological wealth.* Malden, MA: Blackwell.

Donnellon, A. (1995). *Team talk: The power of language in team dynamics.* Boston, MA: Harvard Business School Press.

Dunbar, K. (1993). Concept discovery in a scientific domain. *Cognitive Science, 17*(3), 397–434.

Dweck, C. (2008). *Mindset: The new psychology of success.* New York, NY: Ballantine.

Ehrlich, P. R. (1971). *The population bomb*. New York, NY: Ballantine.

Eisenhower, D. D. (1957). Remarks at the National Defense Executive Reserve Conference, November 14, 1957. Retrieved from the American Presidency Project website: www.presidency.ucsb.edu/ws/?pid=10951.

Fisher, R., Ury, W., & Patton, B. (1991). *Getting to yes: Negotiating agreement without giving in* (2nd ed.). New York, NY: Penguin.

Flynn, J. R. (1999). Searching for justice: The discovery of IQ gains over time. *American Psychologist, 54*, 5–20.

Friedman, M., & Schwartz, A. J. (1963). *A monetary history of the United States, 1867–1960*. Princeton, NJ: Princeton University Press.

Friedman, T. L. (2004). *The world is flat: A brief history of the twenty-first century*. New York, NY: Farrar, Straus and Giroux.

Gee, J. P. (2003). *What video games have to teach us about learning and literacy*. New York, NY: Palgrave Macmillan.

Graham, J., Christian, L., & Kiecolt-Glaser, J. (2006). Stress, age, and immune function: Toward a lifespan approach. *Journal of Behavioral Medicine, 29*, 389–400.

Guise, S. (2015). *How to be an imperfectionist: The new way to self-acceptance, fearless living, and freedom from perfectionism*. Columbus, OH: Selective Entertainment.

Gurian, P. (Producer), & Coppola, F. F. (Director). (1986). *Peggy Sue got married* (Film). Los Angeles, CA: TriStar Pictures.

Halpern, D. F. (1998). Teaching critical thinking for transfer across domains: Dispositions, skills, structure training, and metacognitive monitoring. *American Psychologist, 53*(4), 449–455.

Hammer, M., & Hershman, L. W. (2010). *Faster cheaper better: The 9 levers for transforming how work gets done*. New York, NY: Crown Business.

Hardin, G. (1968). The tragedy of the commons. *Science, 162*(3859), 1243–1248.

Hatano, G., & Inagaki, K. (1986). Two courses of expertise. In H. W. Stevenson, H. Azuma, & K. Hakuta (Eds.), *Child development and education in Japan* (pp. 262–272). New York, NY: W. H. Freeman.

Heath, S. B., & Mangiola, L. (1991). *Children of promise: Literate activity in linguistically and culturally diverse classrooms*. Washington, DC: National Education Association.

Helm, J. H. (2015) *Becoming young thinkers: Deep project work in the classroom*. New York, NY: Teachers College Press.

Hirsch, E. D., Jr. (1987). *Cultural literacy: What every American needs to know*. Boston, MA: Houghton Mifflin.

Hmelo-Silver, C. E. (2004). Problem-based learning: What and how do students learn? *Educational Psychology Review, 16*(3), 235–266.

Hsi, S., & Hoadley, C. M. (1997). Productive discussion in science: Gender equity through electronic discourse. *Journal of Science Education and Technology, 6*(1), 23–36.

Jenkins, H. (2008). *Convergence culture: Where old and new media collide*. New York, NY: NYU Press.

Johnson, S. (2010). *Where good ideas come from: The natural history of innovation*. New York, NY: Penguin.

Jung, Y., & Borge, M. (2016). Problems with different interests of learners in an informal CSCL setting. In C. K. Looi, J. L. Polman, U. Cress, & P. Reimann (Eds.), *Transforming learning, empowering learners: The International Conference of the Learning Sciences (ICLS) 2016, Volume 1* (pp. 878–881). Singapore: International Society of the Learning Sciences.

Kapur, M. (2008). Productive failure. *Cognition and Instruction, 26*(3), 379–424.

Kapur, M., & Bielaczyc, K. (2011). Designing for productive failure. *Journal of the Learning Sciences, 21*(1), 45–83.

Knobel, M. (2008, April). *Studying anime music video remix as a new literacy*. Paper presented at the Annual Meeting of the American Educational Research Association, New York, NY.

Kolodner, J. L. (2007). The roles of scripts in promoting collaborative discourse in Learning by Design. In F. Fisher, I. Kollar, H. Mandl, & J. M. Haake (Eds.), *Scripting computer-based collaborative learning*. (pp. 237–262). New York, NY: Springer.

Kolodner, J. L., Camp, P. J., Crismond, D., Fasse, B., Gray, J., Holbrook, J., Puntambekar, S., & Ryan, M. (2003). Problem-based learning meets case-based reasoning in the middle-school classroom: Putting Learning by Design into practice. *Journal of the Learning Sciences, 12*(4), 495–547.

Konnikova, M. (2014, October 9). The struggles of a psychologist studying self-control. *The New Yorker*. Retrieved from www.newyorker.com/science/maria-konnikova/struggles-psychologist-studying-self-control

Leander, K., & Boldt, G. (2008). *New literacies in old literacy skins*. Paper presented at the Annual Meeting of the American Educational Research Association, New York, NY.

Lehrer, J. (2009, May 18). Don't: The secret of self-control. *New Yorker*. Retrieved from www.newyorker.com/magazine/2009/05/18/dont-2

Lehrer, R., & Schauble, L. (2006). Cultivating model-based reasoning in science education. In R. K. Sawyer (Ed.), *The handbook of the learning sciences*. New York, NY: Cambridge University Press.

Leu, D. J. (2010, April). *The new literacies of online reading comprehension: Recent and ongoing research*. Paper presented at the annual conference of the American Educational Research Association, Denver, CO.

Lewis, C. (2007). New literacies. In M. Knobel & C. Lankshear (Eds.), *A new literacies sampler* (pp. 229–238). New York, NY: Peter Lang.

Lippert, M. (2009). Organic—or not? Is organic produce healthier than traditional? *Eating Well.com*. Retrieved from www.eatingwell.com/food_news_origins/green_sustainable/organic_or_not_is_organic_produce_healthier_than_conventional

Mandinach, E. B., & Cline, H. F. (2013). *Classroom dynamics: Implementing a technology-based learning environment*. New York, NY: Routledge.

Markoff, J. (2011, February 16). Computer wins on '*Jeopardy!*': Trivial, it's not. *New York Times*. Retrieved from www.nytimes.com/2011/02/17/science/17jeopardy-watson.html?pagewanted=all&_r=0

Meadows, D. H. (1999). *Leverage points: Places to intervene in a system*. Hartland, VT: Sustainability Institute. Retrieved from www.fraw.org.uk/files/limits/meadows_1999.pdf

Meadows, D. H. (2008). *Thinking in systems*. White River Junction, VT: Chelsea Green Publishing.

Meier, D. (1995). *The power of their ideas*. Boston, MA: Beacon Press.

Michaels, S., O'Connor, C., & Resnick, L. B. (2008). Deliberative discourse idealized and realized: Accountable talk in the classroom and in civic life. *Studies in Philosophy and Education, 27*(4), 283–297.

Mischel, W. (2014). *The marshmallow test: Why self-control is the engine of success*. New York, NY: Little Brown.

National Heart, Lung, and Blood Institute. (2012). What causes overweight and obesity? Retrieved from www.nhlbi.nih.gov/health/health-topics/topics/obe/causes

Neary, L. (2011, March 28). Children's book apps: A new world of learning. Retrieved from www.npr.org/2011/03/28/134663712/childrens-book-apps-a-new-world-of-learning

Newell, A., & Simon, H. A. (1972). *Human problem solving*. Englewood Cliffs, NJ: Prentice-Hall.

O'Byrne, W. I., Schenke, K., Willis, J. E., & Hickey, D. T. (2015). Digital badges: Recognizing, assessing, and motivating learners in and out of school contexts. *Journal of Adolescent & Adult Literacy, 58*(6), 451–454.

Ophir, E., Nass, C., & Wagner, A. (2009). Cognitive control in media multitaskers. *Proceedings of the National Academy of Sciences, 106*(33), 15583–15587.

Packer, A. (1997). Mathematical competencies that employers expect. In L. A. Steen (Ed.), *Why numbers count: Quantitative literacy for tomorrow's America* (pp. 137–154). New York, NY: College Entrance Examination Board.

Papert, S. (1980). *Mindstorms: Children, computers and powerful ideas*. New York, NY: Basic Books.

Papert, S. (1997). *The children's machine: Rethinking school in the age of the computer*. New York, NY: Basic Books.

Park, A. (2016, April 8). Five facts that show the dismal state of school exercise programs. *Time Magazine*. Retrieved from time.com/4285702/5-facts-about-the-dismal-state-of-school-exercise-programs/

Pepper, C. (2012, December 11). Help students de-stress for success. *Edutopia*. Retrieved from www.edutopia.org/blog/help-students-de-stress-success

Peppler, K., Halverson, E. R., & Kafai, Y. B. (2016). *Makeology: Makers as learners* (vols. 1 & 2). New York, NY: Routledge.

Piety, P. J. (2013). *Assessing the educational data movement*. New York, NY: Teachers College Press.

Poe, M. T. (2011). *A history of communications: Media and society from the evolution of speech to the Internet*. New York, NY: Cambridge University Press.

Pollan, M. (2009). *Food rules: An eater's manual*. New York, NY: Penguin.

Postman, N. (1982). *The disappearance of childhood*. New York, NY: Delacorte.

Postman, N. (1985). *Amusing ourselves to death: Public discourse in the age of show business*. New York, NY: Penguin.

Powell, A. G., Farrar, E., & Cohen, D. K. (1985). *The shopping mall high school: Winners and losers in the educational marketplace*. Boston, MA: Houghton Mifflin.

Resnick, M., Maloney, J., Monroy-Hernández, A., Rusk, N., Eastmond, E., Brennan, K., Millner, A., Rosenbaum, E., Silver, J., Silverman, B., & Kafai, Y. (2009). Scratch: Programming for all. *Communications of the ACM, 52*(11), 60–67.

Robinson, K. (2010, October). *Ken Robinson: Changing education paradigms* [video]. Retrieved from www.ted.com/talks/ken_robinson_changing_education_paradigms

Rogoff, B. (1994). Developing understanding of the idea of communities of learners. *Mind, Culture, and Activity, 1*(4), 209–229.

Rosen, L. D. (2010). *Rewired: Understanding the iGeneration and the way they learn*. New York, NY: Palgrave Macmillan.

Sadler, P. M. (1987). Misconceptions in astronomy. In J. Novak (Ed.), *Misconceptions and educational strategies in science and mathematics* (pp. 422–437). Ithaca, NY: Cornell University Press.

Saxenian, A. (1999). *Silicon Valley's new immigrant entrepreneurs*. San Francisco, CA: Public Policy Institute of California.

SCANS Commission. (1991). *What work requires of schools: A SCANS Report for America 2000*. Washington, DC: The Secretary's Commission on Achieving Necessary Skills, U. S. Department of Labor.

Schank, R. C. (1988). *The creative attitude: Learning to ask and answer the right questions*. New York, NY: Macmillan.

Schank, R. C., Fano, A., Bell, B., & Jona, M. (1994). The design of goal-based scenarios. *Journal of the Learning Sciences, 3*(4), 305–346.

Schoenfeld, A. J. (1985). *Mathematical problem solving*. New York, NY: Academic Press.

Seligman, M. E. P. (1994). *What you can change . . . and what you can't: The complete guide to successful self-improvement*. New York, NY: Random House.

Shaffer, D. W. (2004). Pedagogical praxis: The professions as models for postindustrial education. *Teachers College Record, 106*(7), 1401–1421.

Shaffer, D. W. (2005). Epistemic games. *Innovate: Journal of Online Education, 1*(6), 2–6.

Shaffer, D. W. (2006). *How computer games help children learn*. New York, NY: Palgrave Macmillan.

Simon, H. A. (1969). *The sciences of the artificial*. Cambridge, MA: MIT Press.

Simon, J. L. (1980, June 27). Resources, population, environment: An oversupply of false bad news. *Science, 208*, 1431–1437.

Sinatra, S. T., & Roberts, J. C. (2007). *Reverse heart disease now: Stop deadly cardiovascular plaque before it's too late.* Hoboken, NJ: John Wiley & Sons.

Slichter, S. H. (1948). *The American economy: Its problems and prospects.* New York, NY: Knopf.

Stager, C. (2011). *Deep future: The next 100,000 years of life on earth.* New York, NY: St. Martin's Press.

Starko, A. J., & Schack, G. D. (1992). *Looking for data in all the right places: A guidebook for conducting original research with young children.* Mansfield Center, CT: Creative Learning Press.

Stigler, J., & Hiebert, J. (1999). *The teaching gap: Best ideas from the world's teachers for improving education in the classroom.* New York, NY: Free Press.

Toffler, A. (1980). *The third wave.* New York, NY: Bantam Books.

Trilling, B., & Fadel, C. (2009). *21st century skills: Learning for life in our times.* San Francisco, CA: Jossey-Bass.

Turkle, S. (2011). *Alone together: Why we expect more from technology and less from each other.* New York, NY: Basic Books.

Turkle, S. (2015). *Reclaiming conversation: The power of talk in a digital age.* New York, NY: Penguin.

Valverde, G. A., & Schmidt, W. H. (1997). Refocusing U. S. math and science education. *Issues in Science and Technology, 14*(2), 60–66.

Wagner, T. (2008). *The global achievement gap: Why even our best schools don't teach the new survival skills our children need—and what we can do about it.* New York, NY: Basic Books.

Waller, M. J., Conte, J. M., Gibson, C. B., & Carpenter, M. A. (2001). The effect of individual perception of deadlines on team performance. *Academy of Management Review, 4,* 586–600.

Warren, E., & Tyagi, A. W. (2003). *The two-income trap: Why middle-class parents are going broke.* New York, NY: Basic Books.

Weinberg, S. (2004, March). Crazy for history. *Journal of American History, 90,* 1401–1414.

White, B. Y., Collins, A., & Frederiksen, J. R. (2011). The nature of scientific metaknowledge. In M. S. Khine & I. Saleh (Eds.), *Models and modeling: Cognitive tools for scientific enquiry* (pp. 41–76). London, England: Springer.

White, B. Y., & Frederiksen, J. R. (1998). Inquiry, modeling, and metacognition: Making science accessible to all students. *Cognition and Instruction, 16*(1), 3–118.

White, B. Y., & Frederiksen, J. R. (2005). A theoretical framework and approach for fostering metacognitive development. *Educational Psychologist, 40*(4), 211–223.

White, B. Y., Frederiksen, J. R., & Collins, A. (2009). The interplay of scientific inquiry and metacognition: More than a marriage of convenience. In D. Hacker, J. Dunlosky, & A. Graesser (Eds.), *Handbook of metacognition in education* (pp. 175–205). New York, NY: Routledge.

Wilensky, U. (1999). GasLab: An extensible modeling toolkit for connecting micro- and macro-properties of gases. In W. Feurzeig & N. Roberts (Eds.), *Modeling and simulation in science and mathematics education* (pp. 151–178). New York, NY: Springer.

Wilensky, U., & Reisman, K. (2006). Thinking like a wolf, a sheep, or a firefly: Learning biology through constructing and testing computational theories—an embodied modeling approach. *Cognition and Instruction, 24*(2), 171–209.

Wilensky, U., & Resnick, M. (1999). Thinking in levels: A dynamic systems approach to making sense of the world. *Journal of Science Education and Technology, 8*(1), 3–19.

Wilkerson-Jerde, M., & Laina, V. (2015, January). *Stories of our city: Coordinating youths' mathematical, representational, and community knowledge through data visualization design*. Paper presented at the American Educational Research Association Conference, Chicago, IL.

Wilson, E. O. (2003). *The future of life*. New York, NY: Vintage.

Wiseman, F. (Producer & Director). (1994). *High school II* (Film). New York, NY: Zipporah Films.

Young, R. E., Becker, A. L., & Pike, K. L. (1970). *Rhetoric: Discovery and change*. New York, NY: Harcourt, Brace & World.

Zumbrum, J. (2015, April 8). Is your job "routine"? If so, it's probably disappearing. *Wall Street Journal*. Retrieved from blogs.wsj.com/economics/2015/04/08/is-your-job-routine-if-so-its-probably-disappearing/

索引

Abeles, Vicki, 维基·埃伯利斯 5
Accountable talk（Michaels et al.）, 可理解谈话, 26, 28
Adaptive expertise 适应性专长, 9, 51-52
Aerobic exercise 杂技锻炼, 40-41
Affinity space（Gee） 亲和空间, 25
Africa 非洲, 81
After-school programs 课后项目, 24, 107
Agent models 代理模型, 98
Agriculture 农业, 35, 56
Alliances 联盟, 47
Alone Together（Turkle） 《群体性孤独》, 26
AltSchools 阿尔特学校, 107, 111, 114, 119
Alzheimer's disease 阿尔兹海默症, 40
American Heart Association 美国心脏协会, 38-39
Analogies 类比, 57-58, 59
Analysis of variance 变化分析, 91
Ancess, J., J·安西斯, 9-10, 14, 106
Anderson, J. R., J.R·安德森, 99
Anger management 愤怒管理, 48
Artificial intelligence 人工智能, 55, 58, 60, 84
Arts 艺术, 14
Assessment 评价, 117-119
　badge systems 奖章体系, 113, 117-118
　graduation requirements 毕业要求, 14-15, 105-106, 117, 118-119
　in passion schools 激情学校里的评价, 117-119
　portfolios 档案袋, 66, 105-107, 116-118
　rubrics 量规, 5, 105, 118
　of teamwork 团队评价, 72
　tests 测试, 2, 4-6, 41, 49, 118-119
Asymptote 渐近线, 87
Automation of work 工作自动化, 54-56

Badge systems 奖章体系, 113, 117-118
Bankruptcy 破产, 42-43
Barber, Benjamin, 本杰明·巴伯, 34
Barbie Girls 芭比女孩网站, 17
Bar graphs 柱状图, 86
Barron, Brigid, 布里吉德·巴伦, 14, 20, 24, 68, 112
Barrows, Howard S., 霍华德·S·巴罗, 72, 108-109
Basch, C. E., C.E·巴施, 41
Baumeister, Roy G., 罗伊·G·鲍迈斯特, 48-49, 65
Bazelon, Emily, 埃米莉·贝兹伦, 45
Becker, Alton L., 奥尔顿·L·贝克尔, 58, 59
Behavioral models 行为模式, 94, 98-99, 101
Beliefs 信念, 9-10
Bell, B., B·贝尔, 110
Benezet, L. P., L.P·贝尼泽特, 13
Bernstein, Seymour, 西摩·伯恩斯坦, 36

Between-subjects variables 被试间变量，91
Bielaczyc, K., K·比拉齐奇，29,52,68,113
Binomial distribution 二项分布，88
Biswas-Diener, Robert, 罗伯特·比斯瓦斯-迪纳，47-48
Black Rebecca W., 丽贝卡·W·布莱克，20
Blogs 博客，25,56
Boldt, Gail, 盖尔·博尔特，21
Borge, Marcela, 马塞拉·博奇，30,47
Brainstorming 头脑风暴，32
Bransford, John D., 约翰·D·布兰斯福德，51-52
Brennan, K., K·布伦南，20,115
Brick, M., M·布里克，3
Bronx High School of Science (New York) （纽约）布朗克斯科学高中，113
Brooklyn Tech (New York) （纽约）布鲁克林技术高中，113
Brooks, Ann K., 安·K·布鲁克斯，67-69
Brown A. L., A.L·布朗，51-52
Brown, John Seely, 约翰·希利·布朗，ix-x,21,110
Bruckman, Amy, 艾米·布鲁克曼，19
Brynjolfsson, Eric, 埃里克·布伦乔弗森，55
Bubbles （经济）泡沫，76-77
Bullying 欺凌,霸凌，25,38,45
Burger, Edward B., 爱德华·B·伯格，62-63
Callahan, Raymond E., 雷蒙德·E·卡拉汉，3
Camp, P. J., P.J·坎普，51,109-110

Cancer 癌症，40
Caperton, Idit Harel, 埃迪特·哈雷尔·卡伯顿，23-24
Career skills 职业技能，54-69. *See also* Self-sufficiency 参见自给自足
  career academies and 职业学校，113
  core competencies 核心能力，7
  creativity thinking 创造性思维，54-55,57-60,115
  critical thinking 批判性思维，8-9,54-55,61-63,115
  educational priorities 教育优先，6-8,12-15
  financial literacy 金融素养，42-44,115
  key capabilities 关键能力，8
  legal literacy 司法素养，44-46
  negotiation skills 协商技能，31-32,46-47
  persuasion skills 劝说技能，29-30
  powerful ideas 强大的观点，8-11
  productive dialogue skills 富有成效的对话技能，25-28
  resource management 资源管理，54-55,64-66,116
  survival skills 生存技能，7-8
  teamwork 团队，54-55,67-69,115
  time management 时间管理，54-55,64-66,116
  for tomorrow's workplace 明天的工作场所，55-57,69
Carnegie Commission 卡耐基委员会，xiii
Carpenter, M.A., M.A·卡彭特，65
Carr, N., N·卡尔，25
Case comparison 案例比较
  in cost-benefit analysis 成本—收益分析中的，62-63,70,72,74,78,95-96,115-116

132

索引 157

as thinking skill 作为思维技能的，52,58
Casilli, C., C·卡斯利，117
Causal and functional models 因果和功能模型，93,96-98,101
Causal chain analysis 因果链分析，96
Central Park East Secondary School (Harlem, New York) （纽约哈莱姆）中央公园东中学，9-10,14,105-107,112,117,118
Central tendency measures 中心趋势测量，85-86,89
Charter schools 特许学校，106-107,119-120
Chat rooms 聊天室，18,22,25
Check-ins 常规性核查，65-66
Children's Machine, The (Papert) 《孩子们的机器》（佩珀特），10
China 中国，74,79,81
Cholesterol 胆固醇，40
Christian, L., L·克里斯琴，38
Climate change 气候变化，75
Cline, H.F., H.F·克莱因，98
Club Penguin 企鹅俱乐部，17
Cocking, R., R·科金，51-52
Cognitive apprenticeship 认知学徒制，109-110,113-114
Cohen, David K., 戴维·K·科恩，6-7,8
Cohen, E.G., E.G·科恩，68
Collaboration 协作。See Teamwork 参见团队
College loans 大学贷款，44
Collins, Allan, 阿兰·柯林斯，xiii,11,18n1,22-23,25n2,28,29,32-33,68,84,93,104,110,113
Command and Conquer (videogame) 《命令与征服》（视频游戏），21
Communication skills 交流技能，9. *See also* Reading; Writing 参见阅读、写作

conflict management 矛盾管理，46,47,68
negotiation 协商，31-32,46-47
persuasion 劝说，29-30
productive dialogue 有成效的对话，25-28
Community-of-learners model 学习者共同体模型，107-108,111,114-115
Competencies 能力，6-7,8-9
Complexity. *See also* Public policy 复杂性。参见公共政策
assessment and 评价，5-6
education for complex society 面向复杂社会的教育，6-15
globalization trend 全球性趋势，ix,79
impact of 影响，xiii-xv,4,13
in mathematics 数学中的，4,13
need for teamwork 团队需求，70
understanding complex systems 理解复杂系统，70-72
Computers. *See also* Internet; New literacy; Smartphones 计算机。参见因特网；新素养；智能手机
file organization 档案管理，66
simulation and 模拟，59-60,110
Confirmatory investigations 验证性调查，101-102
Conflict management 冲突管理，46,47,68
Constraint systems 约束系统，98-99
Consumer Reports 《消费者报告》，85
Conte, J.M., J.M·康特，65
Contracts 合同，44
Convincing arguments 令人信服的论点，29
Cope, Edward, 爱德华·科普，46-47
Coppola, F.F., F.F·科普拉，1
Core competencies 核心能力，7
Correlation 相关性，89-92

Cost-benefit analysis 成本—收益分析，62-63，70，72，74，78，95-96，115-116
Cover (Gentner)，科弗（金特纳），57-58
Covert curriculum (Toffler) 显性课程，3
Creative Attitude, The (Schank) 《创造性态度》，60
 in everyday life 日常生活中，60
 examples of 例子，57-58
 strategies for 策略，58-60
Credit cards 信用卡，43
Cremin，L.A.，L.A·克雷明，xiv
Criminal law 刑法，45
Crismond，D.，D·克里斯蒙德，51，109-110
Critical distinctions 关键区别，11
Critical-event analysis 关键事件分析，96
Critical factors 关键因素，59
Critical-incident analysis 关键事变分析，96
Critical thinking 批判性思维，8-9，54-55，61-63，115
 evaluation skills in 评价技能，61-63
 strategies for 策略，62-63
Cross-functional teams 跨功能团队，67
Cross-product analysis 向量叉积分析，96
Crowley，Chris，克里斯·克劳利，37，39-41
Cuban，L.，L·库班，22
Cultural Literacy (Hirsch) 《文化素养》，xiii，2，4
Curriculum. *See* School curriculum 课程。参见学校课程
Cyberbullying 网络欺凌，25，38，45

Daiute，Colette，科利特·戴尤蒂 19
Darling-Hammond，L.，琳达·达令-哈蒙德，9-10，14，106
Dawkins，R.，R·道金斯，11
Deadlines 截止期限，38，39，49，53，64-66，115
Debt 债务
 credit cards 信用卡，43
 government 政府，77-78
 student loans 学生贷款，44
Deep breathing 深呼吸，38
Delayed gratification 延迟享受，48-49，65
Dementia 痴呆，40
Dependent variables 因变量，87，91
Depressions 萧条，76-77
Design Club 设计俱乐部，30，31，47
Devlin，Keith，基思·德夫林，83，92
Dewey，John 约翰·杜威，x
Dialogue skills 对话技能，25-28
Diaries 日记，109，115
Diener，Edward，爱德华·迪纳，47-48
Diet 膳食，41-42，102
Digital literacy 数字素养，xiv，23-25
Digital Youth Network 数字青年网络，14，24-25，33，66，111，112，115，117
Dinosaur curriculum 恐龙课程，112，117
Discrimination 歧视，45-46
Disney 迪斯尼，67
Dispositions 心向，9-10
Disruptive activities (Gentner) 扰乱性活动，57-58
Distributions 分布，88，89
Diversity 多样性
 education of elites and nonelites 精英教育和非精英教育，56-57
 equity issues for digital kids 面向数字儿童的公平问题，24，45-46，

56-57
 institutional racism　制度性种族主义，45-46
Divorce　离婚，32,45
Domain framework　领域框架，11
Donnellon, Anne,　安妮·唐奈隆，67-69
Dunbar, Kevin,　凯文·邓巴，67
Dweck, Carol,　卡洛尔·德怀克，34,50,52,65

Easrmond, E.,　20,115
Economic issues　经济问题，76-81
 economic cycles　经济周期，76-77
 globalization　全球化，79
 government debt　政府债务，77-78
 growth rate of countries　国家的发展速度，80-81
 incentives　激励，11,78-79
 inflation　通货膨胀，76-77
 market function　市场功能，78
Edison, Thomas　托马斯·爱迪生，80
Ehrlich, Paul R.,　保罗·R·埃利希，73,74
Einstein, Albert　阿尔伯特·爱因斯坦，59-60,92
Eisenhower, D. D.　德怀特·艾森豪威尔，49-50
Email　电子邮件，18,25,64
Energy resources　能源资源，74
Environmental science　环境科学，72-75
 climate change　气候变化，75
 pollution　污染，74
 population growth　人口增长，72,73
 resource depletion　资源枯竭，73-74
 species extinction　物种灭绝，75
Estimating skills　估算技能，13
Evaluation skills　评估技能，49-51,61-63,102-105

Exercise　锻炼，39-41
Exploratory investigations　探究性调查，101
Exponential growth　指数级增长，87,99,100
Extinction　灭绝，75

Facebook　脸书，17,25,38,44,64
Fadel, Charles,　查尔斯·费德尔，8
Falk, B.,　B·福尔克，9-10,14,106
Fan fiction sites　同人网站，14,17,20,33,114
Fano, A.,　A·法诺，110
Farming　农业，35,56
Farrar, E.,　E·法勒，6-7,8
Fasse, B.,　B·法斯，51,109-110
Feedback in systems　系统中的反馈，71
Ferguson, W.,　W·弗格森，93
Field view　实地查看，59
Film industry　电影业，36
Financial advisors　经融顾问，44
Financial crisis of 2008　2008年金融危机，76-77
Financial literacy　金融素养，42-44,115
Fisher, Roger,　罗杰·费希尔，31-32
Five Elements of Effective Thinking, The (Burger)　《有效思维的五个要素》，62-63
Fixed-intelligence mindset　固定智力心态，134
"Flat world" (Friedman)　"地球是平的"(弗里德曼)，56
Flynn, J. R.,　J. R·弗林，2
Ford, Henry　亨利·福特，80
Foreign languages　外语，14
Form and function analysis　形式和功能分析，97-98
Framingham Heart Study　弗雷明翰心脏研究所，100-102

Franks, J.J., J.J·弗朗克斯, 52
Frederiksen, John R., 约翰·R·弗雷德里克森, 10, 26, 28, 32, 47, 51, 61, 68, 93
Freelancing 自由撰稿, 15, 35–36, 37, 42, 44–45, 60
Friedman, Milton, 76
Functions, mathematical 数学函数, 87–88
Future orientation 未来方向, 65

Galileo 伽利略, 86, 98–99, 101, 102
Gee, James Paul, 詹姆斯·保罗·吉, 21, 25
Gentner, Dedre, 29, 57–60
Geographic information systems (GIS) 地理信息系统(GIS), 110
Geography 地理, 12
Getting to Yes (Fisher et al.) 《谈判力》, 31–32.
Gibson, C.B., C.B·吉布森, 65
"Gig economy" "零工经济", 15, 35–36, 37, 42, 44–45, 60
Global Achievement Gap, The (Wagner) 《全球成就差距》, 7–8, 83–84
Globalization 全球化
　　education for 教育, 81–82
　　growth rate of countries 国家的增长速度, 80–81
　　mathematics in 数学, 83–84
　　trend toward 趋势, ix, 79
Globaloria 网络平台Globaloria, 23–25, 33, 111
Goal-based scenarios 基于目标的情境, 110
Gomez, K., K·戈麦斯, 14, 24, 112
Google 谷歌, 66, 107
Government 政府, 12–13, 77–78. *See also* Public policy 参见公共政策
Graduation requirements 毕业要求, 14–15, 105–106, 117, 118–119

Graham, J., J·格雷厄姆, 38
Graphs 图表, 86–87, 102–103
Gray, J., J·格雷, 51, 109–110
Great Britain 英国
　　Industrial Revolution 工业革命, 56, 74, 80, 84, 92
　　Prisoners on ships to Australia 运往澳大利亚的船只上的囚犯, 11, 78
Great Depression 大萧条, 76, 77
Green Eggs and Ham (Dr. Seuss) 《绿鸡蛋和火腿》(苏斯博士), 23
Green Revolution 绿色革命, 73
Growth mindset 成长性思维, 34, 50, 52
Guise, S., S·吉斯, 65
Gurian, P., P·古林安, 1

Habitat for Humanity 仁人家园, 43
Habits of Mind 思维习惯, 9–10, 105–106
Halpern, Diane F., 黛安娜·F·哈尔彭, 62, 63
Halverson, E. Richard, E.理查德·哈尔弗森, xiii, 18n1, 22–23, 32–33, 104, 110–111
Hammer, M., M·哈默, 61
Hardin, Garret, 加勒特·哈丁, 71, 73–74
Hatano, Giyoo, 波多野谊余夫, 51
Hawke, Ethan, 伊桑·霍克, 36
Health-care costs 医疗卫生成本, 78–79
Healthy lifestyle 健康生活方式, 37–42, 115
　　exercise 锻炼, 39–41
　　nutritious diet 营养膳食, 41–42, 102
　　risky behavior versus 风险行为, 37–39, 41
　　stress management 压力管理, 38–39, 40

Heart disease　心脏疾病，38－39，40，100－102
Heath, S. B.，　S.B·希思，19，62
Helm, Judy Harris，　朱迪·哈里斯·赫尔姆，111－112
Hershman, L. W.，　L.W·赫什曼，61
Hickey, D. T.，　D.T·希基，117
Hiebert, J.，　J·赫伯特，52
Hierarchy analysis　层级分析，95－96
High School II（Wiseman）《高中II》，105
High Tech Schools（San Diego area）（圣地亚哥地区）高科技园区学校，106－107，119
Hirsch, E. D., Jr.，　Jr. E.D·赫希，xiii，2，4
History　历史，12
Hmelo-Silver, C. E.，　C.E·赫麦洛-西尔弗，72，109
Hoadley, C. M.，　C.M·霍德利，25
Holbrook, J.，　J·霍尔布鲁克，51，109－110
Holum, A.，　A·霍勒姆，110
Home Ownership　房屋所有权，43－44
Home shopping network　家庭购物网络，49
Hsi, S.，　S·赫什，25
Hypothesis　假设，99－101

IBM, Watson　IBM公司的Watson计算机程序，55，84
Impulse control　冲动控制，48－49
Inagaki, Kayoko，　稻垣杏子，51
Incentives　激励，11，78－79
Independent variables　自变量，87，91
India　印度，74，81
Industrial revolution　工业革命，56，74，80，84，92
Inferences, statistical　统计推断，90－92
Inflation　通货膨胀，76－77
Innovation　创新
　in school curriculum　学校课程方面的，108－111，114－117
　technological　技术方面的，80－81
Institutional racism　制度性种族主义，45－46
Interest groups, and school curriculum　兴趣群体和学校课程，2－3
Interesting arguments　有趣的论点，29－30
Intermediate constructs（Gentner）　中间构件，57－58
Internet　因特网，4
　arts and　艺术，14
　chat rooms　聊天室，18，22，25
　cyberbullying　网络欺凌，25，38，45
　fan fiction sites　同人网站，14，17，20，33，114
　fostering literacy for all　培养面向所有人的素养，22－25
　impact on education　对教育的影响，12，14，18－22，84
　social media　社交媒体，17，25，38，44，45，64
　virtual worlds　虚拟世界，19，21，28
Introduction to Mathematical Thinking（Devlin）《数学思维入门》，83，92
Investigative skills　调查技能，9
　collecting information　搜集信息，26－28，52
　contrasting cases　对比性案例，52，58
　designing scientific investigations　设计科学调查，101－102
　in science　科学方面，99－103
　Web of Inquiry　探究网，26－28
IQ tests　IQ测试，2，49，60

Japan　日本，80－81

Jefferson, Thomas　托马斯·杰弗逊, xiv, 2, 4, 71
Jenkins, Henry,　亨利·詹金斯, 25
Jennings, Ken,　肯·詹宁斯, 55
Jeopardy!（TV game show）《危险!》（电视游戏节目）, 55
Jobs, Steve　史蒂夫·乔布斯, 14
Johnson, Steven,　史蒂文·约翰, 14
Jona, M.,　M·乔娜, 110
Joseph, Diana,　戴安娜·约瑟夫, 113–114, 117–118
Jung, Yan,　言江（音）, 30

Kafai, Y. B.,　Y.B·家辉, 20, 110–111, 115
Kapur, M.,　M·卡普尔, 52, 68
Kiecolt-Glaser, J.,　J·凯寇尔特, 38
Knobel, Michele,　米歇尔·诺贝尔, 21
Kolodner, Janet L.,　珍妮特·L·科洛德纳, 51, 109–110, 116
Konnikova, M.,　M·柯尼科娃, 48

Laina, V.,　V·莱纳, 117
Law　法律
　　automation in　自动化, 56
　　legal literacy　法律素养, 44–46, 115
Law of supply and demand　供求法则, 78
Leadership skills　领导技能, 21, 30, 56–57, 65–66, 69, 71, 76
Leading indicators　主要指标, 99, 100
Leander, Kevin, 21
Learning by Design　通过设计来学习, 109–110, 115
Lego Mindstorms　乐高头脑风暴, 112
LEGO models　LEGO 模型, 30
Lehrer, J.,　J·莱勒, 48
Lehrer, R.,　R·莱勒, 86–87
Leu, Don J.,　唐·J·洛伊, 21

Leverage point　杠杆点, 71
Lewis, Cynthia,　辛西娅·刘易斯, 17
Lifelong learning　终生学习, ix, 4, 8, 106, 111
Linear functions　线性函数, 87
Line graphs　折线图, 86
Lippert, M.,　M·利珀特, 40
Lodge, Henry S.,　亨利·S·洛奇, 37, 39–41
Looking for Data in All the Right Places（Starko & Schack）《在所有恰当地方寻找数据》, 116–117
Lowell, Francis Cabot,　弗朗西斯·卡伯特·洛厄尔, 80

Maker movement　创客运动, 110–111
Maloney, J.,　J·马洛尼, 20, 115
Mandinach, E. B.,　E.B·曼迪纳契, 98
Mangiola, L.,　L·曼戈拉, 19, 62
Markets　市场, 78
Markoff, J.,　J·马尔可夫, 55
Marsh, O.C.,　O.C·马什, 46–47
Marshmallow experiment　棉花糖实验, 48
Martin, C.,　C·马丁, 14, 24, 112
Martin, Odile,　奥迪尔·马丁, 54
Massachusetts Institute of Technology (MIT)　麻省理工学院, 80, 87–88
Mass Effect（videogame）《质量效应》（视频游戏）, 21
Massive multiplayer online games (MMOGs)　大型多人在线游戏（MMOGs）, 21
Mathematics　数学, 85–92, 116–117
　　computers in　数学中的计算机, 4, 13
　　correlation　相关性, 89–92
　　critical skills in　数学中的关键技能, 103

functions 函数，87-88
global importance of 全球重要性，83-84
graphs 图表，86-87,102-103
inferences from statistics 统计学的推断，90-92
international comparisons of students performances 学生表现的国际比较，3
mathematizing situations 将各种情况数学化，84-86,92,117
problem types 问题类型，13
relevance of 相关性，1,13,14
rethinking curriculum 重思课程，84-85
statistics 统计，88-92
teaching to learn 为了学习而教，62-63
teamwork in 团队，50-51
variables 变量，85-86,87,89-92
McAfee, Andrew，安德鲁·麦卡菲，55
McDonald's 麦当劳，44-45
Meadows, Donnella H.，唐纳伦·H·梅多斯，70-72,98
Mean 平均值，85-86
Median 中位数，85-86,89
Medicine 医学
　computers in medical diagnosis 医学诊断中的计算机，55,84
　hormone replacement therapy (HRT) 激素替代疗法，90
　inferences on drug effectiveness 关于药物有效性的推断，90-91
　problem-based learning in 基于问题的学习，108-109
Meditation 冥想、沉思，38
Meier, Deborah，德博拉·迈耶，9-10,105
Memorable arguments 可记忆的论点，30

Mentoring 辅导，x,16,19,24,47,63,105,107,114-115,119
Mexico 墨西哥，79
Michaels, S.，S·迈克尔斯，26,28
Millner, A.，A·米尔纳，20,115
Mindset (Dweck) 《思维模式》，34
Mindstorms (Papert) 《头脑风暴》，4
Minecraft 《我的世界》，30
Mischel, Walter，沃尔特·米舍尔，46,48
MMOGs (massively multiplayer online games) 大型多人在线游戏，21
Mode 模式，85-86
Modeling strategies 建模策略，93
Model types 模型类别
　behavioral 行为的，94,98-99,101
　causal and functional 因果和功能性的，93,96-98,101
　structural 结构性的，93,94-96,101
Modularity 模块化，10-11
Monitoring skills 监控技能，49-51
Monroy-Hernandez, A.，20,115
Moose Crossing 《驼鹿穿越》，19,28
Multifactor analysis 多因素分析，97
Multitasking 多任务，64-65
Multi-user virtual environments (MUVEs) 多用户虚拟环境，19
Music 音乐，88,91-92
MUVEs (multi-user virtual environments) 多用户虚拟环境，19

Nass, Clifford，克利福德·纳斯，64-65
National Heart, Lung, and Blood Institute 全美心肺血液研究所，41
Near-misses 未遂事故，58-59
Neary, L.，L·内亚里，23
Negotiation skills 协商技能，31-32
　interests verus positions 兴趣与立场，31-32

objective criteria in resolving differences 解决分歧的客观标准, 32

options for mutual gain 互利选择, 32

relationship issues and 关系问题, 46,47,68

separating people from problem 把人和问题区别开来, 31

situation awareness 情境意识, 46-47

teamwork and 团队, 46,47,69

NetLogo 计算机仿真模拟编程环境 NetLogo, 98,103,118

Networked digital media 网络数字媒体, 21-22

Neville, P., P·内维尔, 29

Newell, A., A·纽厄尔, 99

New Literacies Sampler, A (Lewis)《新素养样本》, 17

New literacy 新素养, 17-33

basic versus applied literacies and 基础素养与应用素养, 17-18

changing face of literacy 素养的不停变化, 18-22

core literacy versus 核心素养与新素养, 17,18,20-22,24

literacy for all 面向所有人的素养, 22-25,32-33

negotiation skills 协商技能, 31-32

persuasion skills 劝说技能, 29-30

productive dialogue 富有成效的对话, 25-28

Newman, S. E., S.E·纽曼, 110

Newton, Isaac 艾萨克·牛顿, 87,92

New York School of the Performing Arts 纽约表演艺术学校, 113

Nintendo DS game system 任天堂 DS 游戏系统, 23

Normal distribution 正态分布, 88,89

Northwestern University 西北大学, 6-7,8-9

Nutrition 营养, 41-42,102

Obama, Barack 巴拉克·奥巴马, ix

Obama, Michelle 米歇尔·奥巴马, 41

Obesity 肥胖, 39,41,79

Objective criteria 客观标准, 32

O'Byrne, W. I., W.I·奥布莱恩, 117

O'Connor, C., C·奥康纳, 26,28

Ophir, Eyal, 埃亚尔·奥菲尔, 64-65

Overtones 泛音, 88

Packer, A., A·派克, 1-2

Papert, Seymour, 西摩·佩珀特, 4-5,10

Parents 家长

in community-of-learners model 学习者共同体模式下, 107-108

demand for charter schools 对特许学校的需求, 120

and "passion schools," 和"激情学校", 111

Park, A., A·帕克, 41

Particle view 粒子观点, 59

Participatory cultures (Jenkins) 参与性文化, 25

Passion schools 激情学校, 104-120

assessment practices 评价实践, 117-119

community of learners and 学习者共同体, 114-115

curricular innovations 课程创新, 108-111,114-117

elements of 要素, 105-111

goal of 目标, 117

nature of 本质, 104-105,111

new school designs 新学校设计, 105-108,111-114

as schools of the future 作为未来的学校, 119-120
vision for restructuring schools 重构学校的愿景, 104,111-119
Patton, Bruce, 布鲁斯·巴顿, 31-32
PBL (problem-based learning) 基于问题的学习, 108-109,110,115,116
Peer teaching 同伴教学, x,16,62-63,105
Peggy Sue Got Married (Movie) 《佩姬苏要出嫁》(电影), 1,13,14
Pepper, C., C·佩珀, 38
Peppler, K., K·佩普勒, 110-111
Perfectionism 完美主义, 65
Perspective shifts 视角改变, 59
Persuasion skills 劝说技能, 29-30
Philadelphia Museum of Natural History 费城自然历史博物馆, 46
Pie charts 饼状图, 86
Piety, Philip, J., 菲利普·J·佩蒂, 5
Pike, Kenneth L., 肯尼斯·L·派克, 58,59
Pinkard, N., N·平卡德, 14,24,112
Planning skills 计划技能, 49-51,65-66
Poe, M.T., M.T·波, 29
Poisson distribution 泊松分布, 88
Pollan, M., M·波伦, 41
Pollution 污染, 74
Population Bomb (Ehrlich) 《人口炸弹》(Ehrlich), 73,74
Population growth 人口增长, 72-74
Portfolios 档案袋, 66,105-107,116-118
Positive feedback loop 正面反馈环, 71
Postman, Neil, 尼尔·波兹曼, 15
Powell, A.G., 6-7,8
Power issues 能源问题, 47,68
Power law 幂法则, 88-89

Power of Their Ideas, The (Meier) 《他们观点的力量》, 105
Problem-based learning (PBL) 基于问题的学习, 108-109,110,115,116
Problem-centered analysis 问题中心的分析, 96-97
Procrastination 拖延症, 65
Productive dialogue 富有成效的对话, 25-28
Productive thinking 产出性思维
　creative 创造的, 54-56,57-60,115
　critical thinking 批判性思维, 54-55,61-63,115
Progressive relaxation 渐进的放松, 38
Project-Based Inquiry Science (Kolodner et al.) 基于项目的探究科学, 109
Public policy 公共政策, xiv,12-13,70-82
　addressing societal problems 应对社会问题, 70,71-72,81-82
　complex systems and 复杂系统, 70-72
　economic issues 经济问题, 76-81
　environmental issues 环境问题, 72-78
　government debt 政府债务, 77-78
　teamwork and 团队, 72
　tragedy of the commons (Hardin) 《公地悲剧》, 71,73-74
Publishing industry 出版业
Puntambekar, S., S·彭, 51,109-110

Racism 种族主义, 45-46
Randomized trials 随机试验, 90,102
Reading 阅读
　fan fiction sites 同人小说网站, 14,17,20,33,114
　handheld devices and 手持式设备,

23
  literacy canon 读写标准，13-14，23，56
  student trials and 学生试验，13-14
  texting and 发送短信，15，17，22，25-26，64
Reflective practice 反思性实践，x，49-51，66
Reisman, K. 60，98
Relationships. *See also* Teamwork 关系。参见团队
  conflict management 冲突管理，46，47，68
  divorce and 离婚，32，45
  power issues 权力问题，47，68
  situation awareness in 情况意识，46-47
Relaxation 放松，38
Remix world 混音世界，24
Research questions 研究问题，99-101
Resnick, L. B.，26，28
Resnick, Mitchel，20，98，115
Resource depletion 资源枯竭，73-74
Resource management 资源管理，54-55，66-67，115，116
Rethinking Education in the Age of Technology（Collins & Halverson）《技术时代重新思考教育》，32-33，104
Reverse Heart Disease Now（Sinatra & Roberts）《现在可以逆转心脏病了》，38-39
Rewired（Rosen）《重新连线》，64
Rhetoric（Young et al.）《修辞》，58，59
Risky behavior 冒险行为，37，39，41
Roberts, James C.，詹姆斯·C·罗伯茨，38-39
Robinson, Ken，肯·鲁宾逊，60
Robots 机器人，54，55

Rogoff, Barbara，芭芭拉·罗戈夫，107-108，111，115，119
Rosen, Larry D.，拉里·D·罗森，64
Rosenbaum, E.，E·罗森鲍姆，20，115
Rubrics 量规，5，105，118
Rumsfeld, Donald，唐纳德·拉姆斯菲尔德，52
Rusk, N.，N·鲁斯克，20，115
Rutter, Brad，布拉德·拉特，55
Ryan, M.，M·瑞安，51，109-110

Sadler, Philip M.，菲利普·M·萨德勒，1
SAT 学术能力评价测试，48，49，118
Satisficing（Simon） 西蒙满意度模型，65
Saving account 储蓄账户，42-43
Saxenian, A.，A·撒克逊，80
SCANS Commission 美国劳工部就业技能委员会，7，67
Scatter plots 散点图，86
Schack, Gina D.，吉娜·D·沙克，116-117
Schank, Roger C.，罗杰·尚克，60，110
Schauble, L.，L·肖布尔，86-87
Schedules 日程表，66-67
Schenke, K.，K·申克，117
Schmidt, William H.，威廉·H·施密特，3
Schoenfeld, Alan J.，艾伦·J·舍恩菲尔德，50-51
School curriculum 学校课程
  assessment and, *See* Assessment 评价和学校课程。参见评价
  dispositions 心向，105-107
  educational priorities 教育优先权，6-8，12-15
  inclusion of topics 容纳主题，2-3

influence of testing on 测试的影响, 4-6

inheritance from the past 从过去中继承, 3-4

innovations in 学校课程中的创新, 108-111, 114-117

interest groups and 兴趣团体, 2-3

powerful ideas in 强大的观点, 8-11

relevance of information 信息相关性, 1-6

what is worth learning 什么值得教, 12-15

School design 学校设计, 105-108, 111-114

Schwartz, A.J., A.J·施瓦茨, 76

Science 科学, 92-103, 116-117

    critical skills in 科学中的关键技能, 103

    data analysis and synthesis 数据分析和综合, 102-103

    environmental issues 环境问题, 72-75

    international comparisons of student performance 学生表现的国际比较, 3

    models 模型, 93-99

    problem types 问题类型, 13

    research design 研究设计, 101-102

    research questions and hypotheses 研究问题和假设, 99-101

    rethinking curriculum 重思课程, 84-85

    scientific inquiry cycle 科学探究循环, 92-93

    teamwork in 团队, 67

Sciences of the Artificial, The（Simon）《人工科学》(西蒙), 10-11

Scratch community 少儿编程工具 Scratch 共同体, 20, 33, 115

Second Machine Age, The（Brynjolfsson & McAfee）《第二个机器时代》, 55

Secretary's Commission on Achieving Necessary Skills（SCANS）美国劳工部就业技能委员会, 7, 67

Self-control 自我控制, 47-49, 115

Selfridge, Oliver, 58, 60

Self-sufficiency 自给自足, 34-53, 115

    adaptive expertise 适应性专长, 9, 51-52

    financial literacy 金融素养, 42-44, 115

    freelancing 自由撰稿, 15, 35-36, 37, 42, 44-45, 60

    growing need for self-reliance 对自我依靠不断增长的需求, 35-36

    growth mindset and 成长性思维模式, 34, 50, 52

    healthy lifestyle 健康的生活方式, 37-42, 115

    improving self-control 改进自我控制, 47-49, 115

    legal literacy 法律素养, 44-46, 115

    monitoring skills 监控技能, 49-51

    planning skills 计划技能, 49-51, 65-66

    reflecting skills 反思技能, 49-51

    schooling for self-reliance 面向自我依靠的学校教育, 53

    strategic relationships 策略性关系, 46-47

Seligman, Martin E. P., 48

Seymour（movie）《西摩》(电影), 36

Shaffer, David W., 戴维·W·谢弗, 110, 112-114

Shakespeare, William 威廉·莎士比亚, 13-14, 56, 94-95

Sherwood, R. D., R.D·舍伍德, 52

Shimoda, T., T·夏默达, 30, 47

Silicon Valley 硅谷,80
Silver,J., J·西尔弗,20,115
Silverman,B., B·西尔弗曼,20,115
Simon, Herbert B. 赫伯特B·西蒙, 10 - 11,65,99
Simon, Julian L., 朱莉安·L·西蒙, 73,74
Simulation 模拟,59 - 60,110
Sinatra, Stephen T., 斯蒂芬·T·西纳特拉,38 - 39
Sine waves 正弦波,88
Situation-action models 情境—行动模型,99
Situation awareness 情境意识,46 - 47
Six sigma 6 sigma,88
Slope 斜率,87
Smartphones 智能手机
  reading and 阅读,23
  scheduling with 用智能手机定制日程,66 - 67
  translations and 翻译,14
Smith, Adams 亚当·斯密,71
Social media 社交媒体,17,25,38, 44,45,64
Social networking sites 社交网络站点, 18 - 19
South Korea 韩国,81
Spatial decomposition models 空间分解模型,94
Stage models 阶段模型,94 - 95
Stager,C., C·斯塔格,75
Stanford University 斯坦福大学,80
Starbird, Michael, 迈克尔·斯塔伯德,62
Starko, Alane J., 阿兰·J·斯塔克, 116 - 117
Star Wars: Galaxies (videogame) 《星球大战:星系》(视频游戏),21
Statistics 统计学,88 - 92
  central tendency measures 中心趋势测量,85 - 86,89

correlation 相关性,89 - 92
distributions 分布,88,89
inferences in 推断,90 - 92
STEM disciplines STEM 学科,84 - 85. *See also* Mathematics; Science 参见数学;科学
Sticks and Stones (Bazelon) 《棍棒和石头》,45
Stigler,J., J·施蒂格勒,52
Strategic approach 策略方法
  adaptive expertise 适应性专长,9, 51 - 52
  for being persuasive 劝说的策略方法,29 - 30
  for creative thinking 创造性思维的策略方法,58 - 60
  for critical thinking 批判性思维的策略方法,62 - 63
  modeling 示范,93
  planning and 计划,49 - 51,65 - 66
  situation awareness 情境意识,46 - 47
  strategic mindset and 策略性思维, 34 - 35
  strategic relationships 策略关系, 46 - 47
  for successful living 成功生活的策略方法,10
  for time management 时间管理, 65 - 67
Stress management 压力管理,37 - 39,40
Structural models 结构模式,93,94 - 96,101
Student loans 学生贷款,44
Substantive arguments 实质性论点, 29
Summit Public Schools 萨米特公立学校,107,119
Sunk costs 沉没成本,43

Taiwan 中国台湾, 81
Tamblyn, R. M., R. M·坦布林, 72, 108 - 109
Target structure 目标结构, 60
Tarnier, Stephane, 54
Teamwork 团队合作, 54 - 55, 67 - 69, 115
  in brainstorming 头脑风暴
  complexity and 复杂性, 70 - 72
  cross-functional teams 跨功能团队, 67
  key success issues 关键成功问题, 68 - 69
  in mathematics 数学中的, 50 - 51
  negotiation skills and 协商技能, 46, 47, 69
  public policy issues and 公共政策问题, 72
  in science 科学中的, 67
Temporal decomposition models 时间分解模型, 94 - 95
Testing 测试, 4 - 6, 41, 118 - 119
IQ tests IQ测试, 2, 49, 60
SAT 学术能力测试, 48, 49, 118
Texting 发送短信息, 15, 17, 22, 25 - 26, 64
Thinking in Systems (Meadows) 《系统中的思维》, 70 - 72, 98
Third International Mathematics and Science Study (TIMSS) 第三届国际数学和科学研究, 3
Thomas, Douglas, 道格拉斯·托马斯, 21
Tierney, John, 约翰·蒂尔尼, 48 - 49, 65
Time management 时间管理, 54 - 55, 64 - 66, 116
  deadlines 截止期限, 38, 39, 49, 53, 64 - 66, 115
  multitasking 一心多用, 多任务处理, 64 - 65

procrastination 拖延症, 65
schedules 日程表, 66 - 67
strategies for 策略, 65 - 67
TinkerPlots 数据可视化和建模工具 TinkerPlots, 86 - 87, 103
Toffler, Alvin, 阿尔文·托夫勒, 3
Too Big to Know (Weinberger) 《知识的边界》, ix
Toprani, D., D·托普拉尼, 30, 47
Tort law 侵权法, 44 - 45
Tragedy of the commons (Hardin) 《公地悲剧》, 71, 73 - 74
Tree-structure analysis 树状结构分析, 95 - 96
Trend analysis 趋势分析, 99, 100
Trilling, Bernie, 伯尼·特里林, 8
Turkle, Sherry, 谢里·特克尔, 25, 26
21st Century Skills (Trilling & Fadel) 《21世纪技能》, 8
Twitter 推特, 25
Tyagi, Amelia Warren, 阿梅莉亚·沃伦·泰吉, 42 - 43

"Uber generation" "Uber 一代", 35 - 36, 37, 42, 44 - 45, 60
Understandable arguments 可理解的观点, 30
Uniform distribution 均匀分布, 88
Universal schooling model 普及性学校教育模式, 3
Ury, William, 威廉·尤里, 31 - 32
U.S. Department of Labor 美国劳工部, 7, 67

Valverde, Gilbert A., 吉尔伯特·A·瓦尔弗德, 3
Variables 变量, 85 - 86, 89 - 92
  correlation 相关性, 89 - 92
  dependent 因变量, 87, 91
  independent 自变量, 87, 91
  inferences concerning 有关变量的

推断，90-92
Vehicles in Motion unit "运动中的车辆"单元，109-110
Videogames 视频游戏，19，20-21，23，24，28，39，41
Virtual worlds 虚拟世界，19，21，28
Visualization 可视化，38
Vye, N. J., N.J·维耶，52

Wagner, Anthony, 安东尼·瓦格纳，7-8，64-65，83-84
Waller, M. J., M.J·沃勒，65
Wall Street Journal《华尔街日报》，54
Warren, Elizabeth, 伊莉莎白·沃伦，42-43
Washington, George 乔治·华盛顿，xix，71
Water resources 水资源，73-74
Watson（IBM） IBM公司的Watson计算机程序，55，84
Wave view 波浪观点，59
Web communities 网络社区，17，20
Webkinz World 秀娃世界，17
Web of Inquiry 探究网络，26-28
Weinberg, Sam, 萨姆·温伯格，2
Weinberger, David, 戴维·温伯格，ix
Where Good Ideas Come From (Johnson)《好点子来自哪里》，54
White, Barbara Y., 芭芭拉·Y·怀特，10，25n2，26，28，32，47，51，61，68，91-92，93，116
Whiteboards 白板，32，108，110，115
Wikipedia 维基百科，11，44，55
Wilensky, U., U·威伦斯基，60，98

Wilkerson-Jerde, Michelle, 米歇尔·威尔克森-杰丁，117
Willis, J. E., J.E·威利斯，117
Willpower 意志力，48-49，65
Willpower（Baumeister & Tierney）《意志力》，48-49，65
Wilson, E. O., E.O·威尔逊，75
Wiseman, Frederick, 弗雷德里克·怀斯曼，105
Within-subject variables 被试内变量，91
Workplace skills. *See* Career skills 工作场所技能。参见职业技能
Writing 写作
  assessing 评价，5
  fan fiction sites 同人小说网站，14，17，20，33，114
  self-publishing trend 自我发表趋势，56
  texting and 发送短信，15，17，22，25-26，64
Wythe, George, 乔治·威思，xiv

Xanga Xanga网站，20
Xerox 施乐，67

Yan, S., S·言(音)，30，47
Y-intercept Y轴截距，87
Young, Richard E., 理查德·E·扬，58，59
Younger Next Year（Crowley & Lodge）《明年更年轻》，37

Zumbrum, J., J·祖姆布鲁姆，54

关于作者

阿兰·柯林斯（Allan Collins）是美国西北大学学习科学荣誉退休教授，是美国教育科学院院士、美国人工智能学会会员、认知科学学会成员、美国科学促进会会员、美国教育研究学会会员。他曾是《认知科学》期刊的创始编辑之一，曾任认知科学协会第一任主席。他在心理学领域最杰出的成就是语义记忆和心智模型，在人工智能领域是合情推理和智能导师系统，在教育方面是探究教学、认知学徒制、情境学习、设计研究、认知形式和游戏、教育测试的整体有效性。1991年至1994年曾任美国教育部教育技术中心合作主任。他与理查德·哈尔弗森（Richard Halverson）合著的《技术时代重新思考教育：数字革命与美国的学校教育》于2009年9月由教师学院出版社出版。

图书在版编目(CIP)数据

什么值得教?:技术时代重新思考课程/(法)柯林斯·哈尔弗森著;陈家刚等译.—上海:华东师范大学出版社,2020
(21世纪人类学习的革命)
ISBN 978-7-5675-9987-1

Ⅰ.①什… Ⅱ.①柯… ②陈… Ⅲ.①教育技术学-研究 Ⅳ.①G40-057

中国版本图书馆CIP数据核字(2020)第029749号

"21世纪人类学习的革命"译丛 (第二辑)

什么值得教? 技术时代重新思考课程

著　　者	阿兰·柯林斯(Allan Collins)
译　　者	陈家刚
策划编辑	彭呈军
责任编辑	朱小钗
责任校对	樊　慧
装帧设计	刘怡霖

出版发行	华东师范大学出版社
社　　址	上海市中山北路3663号 邮编 200062
网　　址	www.ecnupress.com.cn
电　　话	021-60821666 行政传真 021-62572105
客服电话	021-62865537 门市(邮购)电话 021-62869887
地　　址	上海市中山北路3663号华东师范大学校内先锋路口
网　　店	http://hdsdcbs.tmall.com/

印 刷 者	上海展强印刷有限公司
开　　本	787×1092　16开
印　　张	13.75
字　　数	176千字
版　　次	2020年3月第1版
印　　次	2022年3月第3次
书　　号	ISBN 978-7-5675-9987-1
定　　价	46.00元

出版人　王　焰

(如发现本版图书有印订质量问题,请寄回本社客服中心调换或电话021-62865537联系)